세계의 분쟁과 평화

10대 이슈톡_05

세계의 분쟁과 평화

초판 1쇄 발행 2022년 12월 9일

지은이 조태호
펴낸곳 글라이더 **펴낸이** 박정화
편집 박일귀 **디자인** 김유진 **마케팅** 임호

등록 2012년 3월 28일 (제2012-000066호)
주소 경기도 고양시 덕양구 화중로 130번길 14 (아성프라자)
전화 070) 4685-5799 **팩스** 0303) 0949-5799
전자우편 gliderbooks@hanmail.net **블로그** https://blog.naver.com/gliderbook
ISBN 979-11-7041-118-5 (43300)

ⓒ 조태호, 2022

이 도서는 한국출판문화산업진흥원의 '2022년 중소출판사 출판콘텐츠 창작 지원 사업'의 일환으로 국민체육진흥기금을 지원받아 제작되었습니다.

책값은 뒤표지에 있습니다.
잘못된 책은 바꾸어 드립니다.

글라이더는 독자 여러분의 참신한 아이디어와 원고를 설레는 마음으로 기다리고 있습니다.
gliderbooks@hanmail.net으로 기획의도와 개요를 보내 주세요. 꿈은 이루어집니다.

역사의 교훈으로 갈등과 분쟁을 해결하다

세계의 분쟁과 평화

조태호 지음

글라이더

들어가며

1949년《리버럴 유대주의》(Liberal Judaism) 잡지의 기자가 역사 상 가장 위대한 물리학자로 불리는 아인슈타인에게 인터뷰 질문 을 하였습니다. "박사님! 제3차 세계 대전에서는 어떤 무기가 주 로 쓰일 것이라고 생각하십니까?" 이에 아인슈타인은 "제3차 세 계대전에서 어떤 무기가 쓰일지는 저도 잘 모르겠습니다. 하지만, 제4차 세계 대전에서 어떤 무기가 쓰일지는 알 것 같군요. 바로 돌 멩이와 나무 막대기입니다."라고 답했습니다. 제2차 세계대전 당 시 핵무기의 파괴력을 경험한 아인슈타인이 미래 전쟁에는 더욱 강력한 무기가 등장할 것이고, 그 무기가 사용된다면 지구 문명이 파괴될 것이란 경고였죠.

아인슈타인의 경고대로 제2차 세계대전과 냉전이라는 위기를 겪은 인류는 더 이상의 세계대전이 일어나지 않도록 평화와 공존의 가치를 지향하고 있습니다. 하지만 2022년 2월 24일 러시아가 우크라이나를 침공하면서 세계는 갈등과 분쟁이라는 위기를 맞이하고 있습니다. 러시아와 우크라이나 전쟁 이외에도 중국과 대만의 갈등, 그리고 우리 한반도에서도 남과 북이 대치 등 2022년 신냉전시대를 경험하고 있습니다.

신냉전이라는 위기 가운데 살고 있는 여러분의 하루는 어떠했나요? 국제적으로 일어나는 갈등과 분쟁과는 상관이 없어 평화로운 하루를 보냈나요? 아마도 아닐 것입니다. 우리는 살면서 무수한 갈등과 분쟁을 겪습니다. 부모님과의 갈등, 선생님과의 갈등, 친구들과의 갈등과 같이 사람은 주관적으로 생각하고 행동하기 때문에 다른 사람과 갈등이 생길 수밖에 없죠.

개인부터 국가까지 일어나는 갈등과 분쟁은 필연적입니다. 중요한 것은 갈등과 분쟁을 어떻게 해결하느냐는 것입니다. 이러한 문제를 해결할 수 있는 해결책으로 '역사'를 알아야 한다고 생각합니다. 인류의 역사는 무수한 갈등과 분쟁을 겪었지만, 그대로 무너지지 않고 평화를 위한 해결책을 찾았죠. 그래서 인류는 지속적인 발전을 이루었고 오늘날까지 왔습니다. 이 책은 과거부터 오늘날까지 있었던, 한 개인의 삶에서부터 세계적인 규모로 일어난 다양한 갈등과 분쟁 그리고 교류와 평화의 역사를 소개함으로써 여러분에게 문제 해결력과 비판적인 사고력을 기를 수 있는 경험을 제공하고자 합니다.

'역사는 암기과목 아니야? 역사를 통해 문제 해결력과 사고력을 어떻게 길러?'라고 생각할 수 있을 겁니다. 그러나 제 사례를 통해 그 물음에 답을 할 수 있습니다. 저는 학창 시절 집과 학교, 학원 그리고 여가시간에는 친구들과 다니던 PC방이 전부인 학생이었습니다. 그렇게 대학생이 되고 처음으로 이성 교제도 시작했죠. 설레는 마음으로 여자친구와 첫 데이트에서 카페에 갔는데, 메뉴에 적힌 아메리카노 2,000원을 본 순간 가장 먼저 드는 생각은 '저 돈이면, PC방 2시간인네….'였습니다. 학창 시절 PC방이 유일한 문화생활이었기 때문에 모든 건 PC방 1시간 가격인 1,000원이 기준으로 생각의 폭과 깊이가 매우 짧고 얕았던 학생이었죠.

하지만 대학교에서 역사를 전공하면서 달라지기 시작했습니다. 선택에 따라 성공과 실패의 길로 나뉘게 된 수많은 사람들의 역사를 통해, 갈등과 분쟁을 극복하며 교류와 평화를 이룩해 발전해온 역사를 통해 끊임없이 역사와 대화를 했습니다. '내가 과거 저 인물이었다면, 나는 어떤 선택을 했을까?', '저런 과거의 분쟁이 또다시 일어난다면 어떻게 해결할 수 있을까?' 등 PC방에서 지낸 경험이 삶의 기준이었던 학창 시절에서 벗어나 역사는 다양한 상황을 경험하고 생각의 폭과 깊이가 확장되는 계기가 되었습니다.

이 책을 읽는 여러분에게도 오늘날 세계에서 그리고 나에게 일어나는 갈등과 분쟁을 해결할 수 있는 방법을 역사에서 찾을 수 있도록 안내하고자 합니다. 책의 전반부에는 최근 일어나는 우크라이나와 러시아 전쟁, 미얀마 민주화 운동 등 다양한 분쟁 사례와 오늘날 개인이 겪을 수 있는 문제와 해결책 등을 다루고 있습니다. 책의 후반부에는 과거 역사에서 민족, 종교, 자원, 제국주의로 인한 갈등과 분쟁의 사례와 이를 해결하기 위한 평화적 노력을 다루고 있습니다.

역사를 알게 된 후 성장한 저자는 현재 역사교사가 되어 학교에서 학생들을 가르치고 있습니다. 역사 수업에서 가장 중요한 시간은 매년 첫 번째 수업입니다. 왜냐하면, 수업 주제가 '역사를 왜 알아야 하는가?'이므로 학생들에게 역사에 대한 첫인상을 심어주는 중요한 순간이기 때문입니다. 교실 문을 열고 들어가 교탁에서 떨리는 마음을 진정시키며, 천천히 목을 가다듬으며 수업을 시작합니다. "오늘날 우리가 왜 역사를 알아야 할까요? 그 이유는 말이죠⋯."

"나에게 그리고 세계에서 일어나는, 갈등 그리고 평화의 역사를 함께 알아볼까요?"

2022년 11월

조태호

차례

2장 평화를 위한 행동

1장

세계는
분쟁 중

1
새로운 냉전의 시작,
러시아의 우크라이나 침공!

 2008년 8월 베이징 올림픽 개막식에서 러시아 대통령 푸틴이 미국 대통령 부시에게 다가가 귓속말을 했습니다.

"지금 러시아가 조지아를 침공하고 있다."

 조지아는 소련의 상징인 스탈린의 고향이었지만, 소련 해체 이후 친유럽 정책을 펼치자 2007년 세계 정상들이 모인 뮌헨 회담에서 푸틴은 NATO의 팽창에 불만을 토로했습니다. 그리고 조지아를 공격해 푸틴의 불만은 말로만 끝난 것이 아님을 알려주었죠.

 2021년 연말 기자회견에서 푸틴은 또다시 NATO의 팽창에 내해 불만을 이야기했고, 2022년 2월 24일 우크라이나를 침공했습니다. 5일 만에 항복한 조지아와 달리 우크라이나는 러시아의 공격에 맞서고 있습니다. 러시아는 왜 우크라이나를 공격했을까요?

제3차 세계대전이 일어날 수도 있다?

러시아가 우크라이나를 침공하기 전부터 많은 언론에서는 2022년 2월에 전쟁이 일어날 것이라고 보도했습니다. 미국 대통령 바이든도 2월 16일에 전쟁이 일어날 것이라고 인터뷰까지 했습니다. 2월 침공의 근거로 17만 명의 러시아 병력이 우크라이나 국경에서 훈련을 빌미로 집결한다는 사실을 들었습니다. 얼었던 땅이 녹기 시작하면 전차 부대가 이동하기 어렵기 때문에 미리 병력을 배치한 것이라고 예측했죠. 한편 러시아가 위협만 할 뿐 전쟁은 벌이지 않을 것이라고 예측한 사람들도 있었습니다. 하지만 그 예측은 빗나갔고 2월 24일 러시아의 우크라이나 침공이 시작되었습니다.

문제는 21세기 세계화 시대의 전쟁은 단순히 두 나라 간의 전쟁이 아니라는 사실입니다. 많은 국가가 러시아의 침공을 비판하면서 경제적 제재를 가하고 있습니다. 우리나라도 여기에 동참하며 전쟁에 반대하고 있죠. 하지만 러시아는 오히려 석유와 천연가스를 '자원 무기'로 삼아 경제제재를 가한 국가들을 대상으로 수출제한 등으로 맞대응하고 있습니다.

현재 EU는 천연가스 중 40퍼센트 정도를 러시아에 의존하고 있기 때문에 러시아의 자원 수출제한은 매우 큰 부담입니다. 나아가 전 세계의 에너지 자원 부족 문제로 유가가 상승하고 있어 우리나라도 정부와 가계의 부담이 증가하고 있습니다. 전 세계의 곡창지대로 불리는 우크라이나도 전쟁으로 밀 생산과 각종 식물성 기름 생산이 어려워지면서 먹거리 물가까지 상승하는 부작용이 일어나고 있죠.

전문가들은 정치적으로도 새로운 냉전의 시대가 도래해 평화가 깨지고 갈등이 시작되었다고 평가하고 있습니다. 러시아의 침공을 부정적으로 보는 다른 국가들과는 달리 중국은 이를 지지하고 있는데요. 그 이유는 러시아와 우크라이나가 전쟁을 하는 틈을 타 세력을 강화하고 대만도 점령할 수 있는 기회로 여기기 때문입니다. 북한도 독재 체제를 더욱 공고히 하는 계기로 삼고 있습니다. 과거 자유주의와 공산주의가 대립하던 냉전과 다르게, 이제는 민주주의와 독재국가가 대립하는 새로운 냉전이 시작되었다고 볼 수 있죠. 문제는 러시아와 중국, 북한 모두 핵무기를 보유한 국가라는 사실인데, 최근 러시아-우크라이나 전쟁이 장기화되면서 NATO가 개입할 경우 이들 국가는 핵무기를 사용할 수 있다고 위협하고 있습니다. 새로운 냉전으로 민주주의국가와 독재국가 사이에 전쟁이 시작된다면 핵무기가 사용되는 제3차 세계대전이 일어날 수 있다고 전 세계에서 우려의 목소리가 나오고 있습니다. 그렇다면 왜 제3차 세계대전이라는 위기를 불러일으키면서까지 러시아는 전쟁을 감행한 것일까요? 차근차근 전쟁의 역사적 배경부터 함께 살펴봅시다.

우크라이나는 작은 러시아?

우크라이나는 서쪽의 유럽과 동쪽의 러시아 사이에 위치한 국가입니다. 유럽 지역에서는 러시아 다음으로 영토가 크고, 2020년 기준으로 약 4,400만 명의 인구가 살고 있는 큰 나라죠. 하지만 국제적으로 러시아의 영향력 아래 있다는 인식이 존재하며, 러시아는 우크라이나를 '작은 러시아'로 부르기도 하는데요. 러시아와 우크라이나가 동슬라브 민족의 최초 국가인 키예프대공국에 역사적 뿌리를 같이 두고 있기 때문입니다.

9세기에 동유럽 일대를 장악한 키예프대공국은 1240년에 몽골제국의 침입으로 멸망하게 되었습니다. 몽골제국은 러시아와 동유럽 일대에 킵차크한국을 세워 200여 년간 지배했습니다. 킵차크한국이 무너지면서 러시아 지역에서는 모스크바대공국이 건국되었고, 오늘날 우크라이나의 영토 대부분은 폴란드가 차지하고 있었지요. 모스크바대공국은 차르(황제)가 다스리는 러시아로 발전했고, 17세기에 영토를 확장하던 중 독립하려는 우크라이나인의 군사 집단인 코사크와 조약을 맺었습니다. 그 결과 러시아와 우크라이나는 같은 역사적 뿌리인 키예프대공국이 무너진 뒤 약 400여 년 만에 한 나라가 된 것이죠. 1917년에 레닌을 중심으로 볼셰비키 혁명이 일어나면서 최초의 공산주의 국가인 소비에트 러시아가 탄생했고, 이에 우크라이나도 영향을 받아 소비에트연방에 들어가게 되었습니다.

제3차 세계대전의 긴장감이 감돌고 있는 우크라이나

러시아는 우크라이나를 '작은 러시아'라고 부르면서 자신들의 영토로 인식했습니다. 하지만 우크라이나 사람들은 스스로를 '작은 러시아'라고 생각하지 않았습니다. 키예프대공국 멸망한 이후 400여 년 동안 서로 다른 시간을 보내면서 유럽의 영향을 받아 성장한 우크라이나는 러시아와 다른 국가라는 인식이 형성되었죠. 하지만 러시아의 입장에서 우크라니아 지역의 풍족한 자원과 지리적 이점이 매우 중요했기 때문에 자신의 영향력 아래 두고자 했습니다. 특히, 우크라이나 남부에 있는 흑해연안의 크림반도는 지중해로 나아갈 수 있고 '얼지 않는 바다'이기 때문에 러시아에게 절대적으로 필요한 곳이었습니다.

제정 시기부터 소련 시기까지 러시아는 우크라이나의 독립을 인정하지 않고 민족주의를 탄압하기 위한 강압적인 정책을 폈습니다. 대표적인 사례로 1932년 우크라이나에서 대기근이 발생했을 때, 소련의 지도자인 스탈린은 우크라이나를 봉쇄해 390만 명에 달하는 사람들이 굶어 죽는 일도 벌어졌죠. 이러한 시련을 겪은 우크라이나는 소련으로부터 독립하길 원했고, 1991년 12월 26일 소련이 붕괴되면서 드디어 독립을 쟁취했습니다.

독립 후 우크라이나는 동서로 러시아에 대한 인식의 차이가 있었는데요. 서쪽 지역은 친유럽 정책을 지지하며 러시아와 선을 긋고 있습니다. 반대로 동쪽 지역은 소련 시기 우크라이나로 이주한 러시아인들이 거주하고 있기 때문에 친러시아 정책을 지지하고 있죠. 이러한 배경으로 서쪽은 우크라이나어를 사용하고 동쪽은 러시아어를 사용할 만큼 지역적으로 큰 차이를 보이고 있습니다.

우크라이나와 러시아, 갈등의 골이 깊어지다

오래전부터 러시아에 매우 중요한 두 지역이 우크라이나에 위치해 있습니다. 바로 크림반도와 돈바스 지역인데요. 소련의 붕괴와 우크라이나의 독립으로 러시아는 더 이상 두 지역에 영향력을 행사할 수 없게 되었습니다. 하지만 2014년 크림반도는 러시아의 영토가 되었고, 돈바스 지역은 현재 분쟁 지역으로 우크라이나에

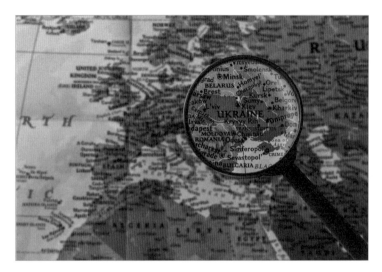

유럽과 러시아 사이에 위치한 우크라이나

서 벗어나 러시아의 영향력 아래 놓였습니다. 대체 두 지역은 어떤 곳이기에 러시아와 우크라이나가 이 지역을 놓고 갈등을 빚게 되었는지 알아봅시다.

얼지 않는 바다 크림반도

크림반도는 흑해 연안에 있는 반도로 항구가 위치하기 좋은 지리적 특성을 지니고 있습니다. 러시아는 제정러시아 시기부터 크림반도를 차지하고자 노력했습니다. 산업화와 함께 바다를 이용한 교류가 중요해졌는데, 러시아는 겨울에 바다가 얼었기 때문에 얼지 않는 부동항(不凍港)이 필요했던 것이죠. 그래서 겨울에도 얼지 않으면서 지중해로 나아갈 수 있는 크림반도를 차지하고자 두 차례의 러시아-튀르크 전쟁(1차 1768~1774년, 2차 1788~1792년)을 일으켜 크림반도를 확보했습니다. 하지만 러시아의 팽창주의를 우려한 영국과 프랑스 등 서구 열강들이 오스만제국을 지원하면서 일어난 크림전쟁(1853~1856년)에서 러시아는 패배했고 크림반도에 대한 통제권도 상실하게 되었습니다. 이후 러시아혁명으로 수립된 소련은 1921년에 크림반도를 다시 차지했죠.

크림반도는 고대 그리스 시기부터 무역의 중심지였기 때문에 다양한 민족이 어울려 살고 있었습니다. 소련은 이들을 크림 타타르인들이라 불렀습니다. 제2차 세계대전 중 독일에 크림반도를 빼앗겼다가 되찾은 소련의 지도자 스탈린은 1944년 5월 타타르인들에게 나치와 협력했다는 죄를 씌워 중앙아시아에 강제로 이주시켰습니다. 이 과정에서 사흘 만에 20만 명에 달하는 타타르인들을 기차 짐칸에 쑤셔 넣었는데, 열악한 환경 탓에 이동 중 최소 7,000명 이상이 죽었습니다. 이주한 중앙아시아도 매우 척박한 곳으로 많은 사람이 굶어죽는 학살이 벌어졌죠. 타타르인들을 몰아낸 후 크림반도에는 러시아인들이 정착하게 되었고, 현재 크림반도는 러시아인들이 대다수 거주하는 지역이 되었습니다.

1954년 러시아와 우크라이나가 하나의 국가가 되었던 페레야슬라프 조약 300주년을 기념해 당시 소련의 서기장인 우크라이나 출신 니키타 흐루쇼프는 크림반도를 우크라이나에 넘겨주었습니다. 당시에는 행정구역을 재편한 정도로 여겨졌지만, 문제는 소련이 해체된 이후였습니다.

1991년 소련의 해체로 러시아와 우크라이나는 별개의 국가가 되었고, 러시아가 넘겨준 크림반도는 분쟁의 배경이 되었습니다. 크림반도에는 러시아인들이 대다수 거주하고 있었고, 러시아 해군의 주요 전력인 흑해 함대가 크림반도의 세바스토폴 항구에 주둔해 러시아의 절대적인 요충지였기 때문입니다. 그나마 우크라이나 정부가 친러시아 성향으로 구성되면서 큰 갈등 없이 지내왔지만, 2013년 11월 야누코비치 대통령이 EU와의 통합을 거부하면서 문제가 일어났습니다. 우크라이나 시민들은 2014년 2월 야누코비치 정부의 천러 정책과 부정부패를 비판하면서 탄핵에 성공한 것입니다.

우크라이나에서 친러 정부가 무너지고 친서방 세력이 집권하면 우크라이나에 대한 영향력을 상실할 것이라 생각한 러시아는 빠르게 크림반도를 차지하려고 움직였습니다. 2014년 2월 무장한 괴한들이 크림반도의 정부 청사를 장악했습니다. 이상하게도 괴한들은 러시아 무기를 들고 있었지만, 러시아는 공식적으로 자신들과는 관계가 없는 단체라고 주장하고 있습니다.

3월 14일 무장 세력이 중심이 되어 크림 공화국 독립을 선언합니다. 그리고 이틀 뒤인 16일 러시아와 합병할 것을 묻는 주민 투표가 실시되어 96퍼센트의 찬성을 얻었죠. 크림반도에 대다수 주

돈바스 전쟁으로 폐허가 된 도시

민들이 러시아계인 것을 고려해도 상당히 높은 비율입니다. 더 놀랍게도 그로부터 이틀 뒤인 18일에 러시아 의회에서 합병을 통과시켰는데요. 크림 공화국의 독립부터 러시아 합병까지 속전속결로 진행된 것입니다. 사전에 만들어진 시나리오가 없이는 불가능한 일이지만, 러시아는 공식적으로 크림반도의 주민들이 원하는 바를 들어준 것이라고 말하고 있죠.

크림반도처럼 우크라이나에서 독립을 원하는 지역이 있습니다. 앞에서 언급한 돈바스 지역으로 우크라니아와 러시아의 국경 지대인데요. 이 지역은 지하자원이 풍부해 중요한 공업 지대입니다.

2014년 4월 크림반도가 러시아에 합병되자, 돈바스 지역에서도 우크라이나에서 벗어나 분리 독립을 하자는 반군이 조직되어 무장봉기가 일어났습니다. 돈바스 지역의 분리를 주장하는 반군은 러시아의 지원을 받으며 전쟁을 확대했고, 그해 8월 전쟁이 고조되면서 100만 명 이상의 주민들이 죽거나 피난을 가야만 했습니다.

2014년 9월 5일에는 민스크 협정이 맺어지면서 돈바스 지역의 반군은 일부 자치권을 획득했고, 전쟁 대신 평화롭게 문제를 해결하자고 결의했습니다. 하지만 여전히 우크라이나 정부군과 러시아의 지원을 받는 반군 사이에 전투가 벌어지고 있어요. 러시아가 이번에 전쟁을 일으킨 것도 돈바스 지역에서 우크라이나군이 러시아인들의 인권을 탄압하는 등 억압했기 때문이라고 주장하고 있죠.

 토론거리_1

크림반도의 대다수 주민들은 러시아계로 러시아에 합병하는 국민투표에서 다수가 찬성했습니다. 이렇게 일부 지역의 주민 다수가 찬성한다면 영토가 다른 나라로 합병하는 것이 정당할까요?

전쟁 속 러시아의 숨은 의도

러시아의 우크라이나 침공이 시작되면서 수많은 국가에서 러시아에 경제제재를 가하고 있습니다. 그 결과 세계 경제 정보를 분석하는 전문가들은 2022년 러시아의 경제성장률이 적게는 -9% 많게는 -15%에 이를 것이라고 예측하고 있습니다. 이는 1997년 외환위기 당시 우리나라의 GDP 성장률이 -5퍼센트로 큰 위기를 맞이했던 것보다 훨씬 더 심각한 상황으로 '경제 붕괴'라 볼 수 있습니다. 그럼에도 왜 푸틴은 전쟁을 멈추지 않는 걸까요? 그 배경에는 '냉전'이라는 역사적 갈등이 있습니다.

제2차 세계대전은 독일을 비롯한 전체주의 국가와 연합군의 싸움이었습니다. 전체주의 국가들이 패망하면서 자유주의를 대표하는 미국과 공산주의를 대표하는 소련은 서로 세계의 주도권을 차지하고자 했습니다. 그래서 1945년 제2차 세계대전이 끝나고 1991년 소련이 붕괴될 때까지 미국과 소련의 갈등을 냉전이라 부르게 되었습니다.

냉전(Cold War), 즉 차가운 전쟁이라 부르는 이유는 미국과 소련이 자유주의와 공산주의라는 사상 대립만 할 뿐 직접적으로 전쟁은 하지 않았기 때문이죠. 그래서 세계가 꽁꽁 언 것처럼 자유주의 국가와 공산주의 국가 사이에 긴장감이 고조되었습니다. 제2차 세계대전이 끝나고 미국과 소련은 전체주의에서 벗어난 국가들을 자신의 세력으로 만들기 위해 서로 지원하며 군사동맹을 만

들었습니다. 미국과 서방 유럽 국가들은 북대서양조약기구(NATO)를 결성해 소련의 공격으로부터 NATO에 가입한 동맹국들이 서로 지켜줄 것을 약속했죠. 한편 러시아를 중심으로 한 소련은 바르샤바조약기구를 결성해 공산주의 국가들 간 군사적 동맹을 맺습니다.

1991년 소련의 붕괴와 함께 공산주의 군사동맹인 바르샤바조약기구는 해체되었지만, NATO는 여전히 건재하다는 사실이 러시아에는 큰 부담이 되었습니다. 게다가 옛날 바르샤바조약기구의 회원국이었던 체코, 폴란드, 헝가리를 비롯해 소련의 구성국이던 라트비아, 에스토니아, 리투아니아 등 발트 3국도 NATO에 가입하면서 러시아는 옛 동맹국들을 상실하고 있다는 위기를 느끼고 있습니다. 이러한 위기 속에서 2014년 우크라이나는 친러시아 성향의 야누코비치 대통령이 탄핵으로 물러나면서 소련의 색깔을 지우고 러시아와 관계를 단절하는 등 친유럽 정책을 펼치고 있지요. 만약 우크라이나까지 NATO에 가입하면 러시아 입장에서는 NATO가 코앞에서 진을 치는 셈입니다.

푸틴 대통령은 미국과 EU에 더 이상 NATO가 동진(東進)하지 않고 옛 소련 지역에 대한 러시아의 기득권을 인정하는, 법적 구속력이 있는 조약을 요구했습니다. 그러면서 러시아의 요구를 들어주지 않을 경우에는 우크라이나를 침공할 수 있다며 군사를 배치해 압박했고 결국 전쟁까지 일으킨 것입니다.

NATO의 동진을 막는 것 외에도 1999년부터 러시아 대통령이 된 푸틴이 장기 집권을 위해 자신의 지지율 높이고자 전쟁을 일으켰다는 주장도 있습니다. 지금도 옛날에 미국과 대등한 관계였던 소련 시절을 그리워하는 보수적인 러시아인들이 있기 때문입니다. 이러한 러시아인들에게 강한 러시아를 호소하는 푸틴은 2008년 조지아 침공과 2013년 크림반도 병합 당시 80퍼센트가 넘는 지지율을 얻으며 장기 집권을 하게 되었습니다.

하지만 단기간에 끝난 조지아 침공과 크림반도 병합과 비교해, 러시아의 우크라이나 침공은 상황이 다릅니다. 예상과는 다르게 우크라이나의 저항이 거세지면서 전쟁은 장기화되고 있고, 우위에 서지 못한 러시아가 유리한 협상을 얻지 못하고 있죠. 푸틴의 입장에서는 지지율 하락으로 이어질 수도 있으므로 아무 성과 없이 전쟁을 끝낼 수 없는 노릇입니다. 따라서 더욱 강경한 태도로 핵무기까지 사용할 수 있다며 위협을 가하고 있습니다.

2022년 초 겨울에 시작된 전쟁은 어느덧 1년 가까이 이어지고 있습니다. 전쟁 기간은 점점 길어졌고, 우크라이나의 반격이 시작되면서 푸틴은 예상과 다르게 전개되는 상황에 위기를 맞이하고 있어요. 이를 해결하기 위해 러시아는 여러 방법을 쓰고 있습니다. 우선 유럽에 에너지를 수출하던 러시아가 공급을 차단하면서, 다가올 겨울 에너지 혼란으로 유럽을 압박하고 있습니다. 또한 돈바스 지역을 포함한 우크라이나 일부 지역에 주민 투표를 실시해 불법으로 영토를 병합했습니다. 게다가 10월 10일에는 푸틴의 자존심이었던 크림반도를 잇는 크림 대교 폭발 배후에 우크라이나가 있다면서 우크라이나 수도 키이우를 비롯한 도시 곳곳에 70여 발의 미사일을 발사했습니다. 이에 유엔을 비롯한 세계 각국은 러시아의 불법 영토 병합과 미사일 공격을 강력하게 규탄하고 있습니다.

과연 러시아와 우크라이나 전쟁은 어떻게 마무리가 될까요?

토론거리_2

우크라이나는 전쟁이 일어나기 전부터 NATO 가입을 희망했습니다. 하지만 NATO는 러시아와의 갈등이 심화될 것을 우려해 승인하지 않고 있습니다. 우크라이나의 NATO 가입을 어떻게 바라봐야 할까요?

대화의 수준을 끌어올리는 ; 똑똑이 아이템

제3차 세계대전이 일어날 뻔했던 쿠바 미사일 위기

냉전이 심화되던 1962년 10월 14일, 쿠바의 하늘을 감시하던 U-2가 찍은 항공사진이 미국 펜타곤과 백악관에 전달되었습니다. 이 사진을 본 미국 행정부와 국방부 관계자는 큰 충격에 빠졌습니다. 쿠바에 미사일 기지가 설치되고 있었기 때문이죠. 만약 쿠바에 미사일 기지가 설치된다면 미국 수도 워싱턴을 비롯해 미국 전역이 핵폭탄의 피해를 입을 수 있었습니다.

당시 쿠바는 1959년 카스트로의 혁명으로 미국계 기업과 대지주의 토지를 몰수했습니다. 이에 미국은 쿠바를 침공하기 위해 피그만 사건을 일으키는 등 압박을 가했어요. 그래서 쿠바는 소련에 도움을 요청했고 소련은 쿠바에 미사일 기지를 설치한 것입니다. 비밀리에 진행된 미사일 기지 건설이 이번에 미국의 정찰에 발각된 것이고요. 미국의 케네디 대통령은 소련에 미사일 기지 철수를 요구했지만, 소련의 지도자였던 흐루쇼프 서기장은 쿠바 미사일 기지는 방어용일 뿐 공격용이 아니라며 거절했습니다.

바로 턱밑에 미사일 기지가 설치되는 것을 용납할 수 없었던 미국은 고민에 빠졌습니다. 무력을 써서 쿠바 미사일 기지를 없애거나 평화적인 방법으로 해결해야 했습니다. 미국은 쿠바의 해상을 봉쇄하며 미사일 기지를 설치할 경우 전쟁을 치를 수도 있다고 위협했고, 소련도 마찬가지로 전쟁을 해서라도 미사일 기지를 설치한다는 입장이어서 두 국가 간 '치킨 게임'이 벌어졌습니다.

두 국가 간 전쟁이 벌어지면 제3차 세계대전이 일어날 수 있는 상황이라서, 당시 미국에 국력이 밀리던 소련은 무리해서라도 미국을 견제할 쿠바 미사일 기지를 완성하고자 했습니다. 하지만 두 국가는 결국 전쟁의 문턱에서 극적으로 화해하게 되었는데요. 당시 미국은 소련의 큰 불안 요소였던 터키 미사일 기지를 철수한다는 조건을 제시했고, 소련도 이에 따라 쿠바 미사일 기지를 철수하기로 한 것입니다.

2
중국과 대만의 대립

　대만에 가면 꼭 방문해야 할 장소가 있습니다. 바로 국립고궁박물원인데요. 고대로부터 내려온 중국 유물 약 60만 8,000점이 보관·전시되어 있습니다. 여기에 보관된 보물들은 중국에서도 구할 수 없는 매우 귀한 것들입니다. 중국이 대만을 공격하지 못하는 이유 중 하나로 박물관에 있는 보물이 파괴될 것을 우려한다는 이야기가 나올 정도입니다. 그런데 왜 중국의 보물이 대만 박물관에 보관되어 있을까요? 그리고 중국은 대만이 중국에 속한다고 주장하고, 대만은 자신들이 중국과 다른 나라라고 주장합니다. 왜 두 나라의 입장이 다르고 대립이 심각해지고 있는지 함께 알아봅시다.

대만 상공에 출현한 중국 전투기

만약 우리나라 상공에 북한 전투기 수십 대가 등장하면 어떨까요? 그런데 2021년 10월 1일부터 4일까지 중국 군용기 총 149대가 대만의 방공식별구역에 진입해 무력시위를 벌였고, 대만이 긴급 대응에 나서면서 양측 간 군사적 긴장이 높아졌습니다. 방공식별구역이란, 자국의 영토와 영공을 방어하기 위한 구역으로 국가 안보 목적상 자국 영공으로 접근하는 군용 항공기를 조기에 식별하기 위해 설정한 임의의 선을 의미합니다. 국제법상 인정된 영공은 아니지만, 국가 간 방공식별구역에 진입하게 되면 사전에 비행 계획 등을 통보해야 합니다. 그런데 중국은 아무 통보 없이 대만의 방공식별구역에 대규모 군용기를 보낸 것입니다. 그런데 왜 하필 10월에 대규모 무력시위를 벌였을까요?

우선 10월 초는 중국과 대만 두 나라 모두에게 중요한 날입니다. 10월 1일 국경절은 중화인민공화국이 건국된 날로 중요하며, 10월 10일은 신해혁명이 일어난 날로 쌍십절이라 부르며 기념하고 있습니다. 신해혁명은 중국 역사에서 청나라가 멸망한 사건이므로 중요한 의미를 지니고 있죠. 따라서 국가의 중요한 날을 기념하는 10월 초에 중국의 지도자 시진핑 주석은 국민들에게 새로운 메시지와 비전을 보여줘야 합니다. 또한 중국은 2022년 베이징 올림픽을 앞두고 있었고, 시진핑이 세 번째 임기를 맞이하기 때문에 대내외적으로 중요한 시기였습니다. 그래서 국민들에게 '하나의 중국'이라는 목표와 비전을 내세웠습니다.

2021년 10월 신해혁명 110주년을 기념하는 행사에서 시진핑 주석은 "대만의 독립은 조국 통일의 가장 큰 장애물이자 민족 부흥의 심각한 위협"이라며 통일을 강조했죠. 하지만 다음 날 대만 총통 차이잉원은 "군사력을 키워 저항할 것"이라며 중국의 입장에 반박했습니다.

중국의 무력시위는 시진핑 주석이 자신의 목표인 '하나의 중국'을 알리고, 미국 등 주변 국가들에게 대만을 지원하거나 간섭하지 말라는 강력한 메시지였습니다. 그렇다면 왜 중국은 통일을 주장하고, 대만은 저항을 외치고 있는 것일까요? 그 이유를 알기 위해서는 우선 중국과 대만의 복잡한 역사를 살펴봐야 합니다.

중국과 대만의 분쟁

중화인민공화국 VS 중화민국

1911년 10월 10일에 쑨원을 중심으로 청나라를 무너뜨리고 새로운 국가를 세우자는 혁명이 일어났습니다. 이를 '신해혁명'이라고 하는데요. 신해혁명이 일어날 당시 중국은 청나라 말기였는데, 대내적으로는 개혁이 실패하고 서태후 등 보수 세력의 부정부패가 지속되었습니다. 대외적으로는 아편전쟁 이후 서구 열강의 침입을 받으면서 혼란에 빠졌죠. 쑨원은 청나라에는 미래가 없다고 판단해 민족·민권·민생의 삼민주의를 내세우며 우창에서 혁명을 일으켰고, 수많은 지지를 얻으며 중화민국을 건국하고 청나라를 무너뜨렸습니다.

중화민국이 건국되자마자 지역마다 군벌이 독립했고 서구 열강과 일본의 침략으로 나라는 분열되었습니다. 1919년 중국에서는 일본의 침략에 반대해 전 국민이 5·4 운동을 일으켰고, 러시아 사회주의 혁명에 영향을 받은 마오쩌둥 등은 중국공산당을 수립했습니다. 1925년 쑨원이 죽고 중화민국과 그 중심이 되는 중국국민당을 장제스라는 인물이 이어받았습니다.

장제스의 가장 중요한 과제는 중국 내 공산주의 세력을 몰아내는 것이었습니다. 그래서 일본이 중국을 침략하는 상황에서도 중국공산당 세력과 전쟁을 벌였죠. 이 전쟁이 바로 1927년부터 1936년까지 지속된 제1차 국공 내전이었습니다. 하지만 일본의 침략으로 중국 영토를 점차 상실하자 국민당 내에서 장제스에게 공산당과 협력해 일본을 먼저 물리칠 것을 요구합니다. 결국 국민당과 공산당은 전쟁을 잠시 멈추고 일본을 함께 물리치죠. 하지만 다시 자유주의를 바탕으로 미국의 지원을 받는 국민당과 공산주의를 바탕으로 소련의 지원을 받는 공산당은 누가 중국을 차지할 것인지를 두고 제2차 국공 내전을 벌입니다. 이때 국민당 세력은 부정부패로 세력이 약해진 반면, 공산당 세력은 일본과의 전쟁 과정 중 세력이 확대됩니다. 결국 1949년 10월 1일 마오쩌둥이 이끄는 공산당 세력이 승리해 천안문광장에서 중화인민공화국 수립을 선포했습니다. 장제스가 이끄는 국민당과 중화민국은 대만으로 후퇴했죠. 참고로 이때 장제스는 후퇴하면서 중국에 있는 온갖 유물을 챙겨 갔습니다.

따라서 중국은 대만을 하나의 성(省)으로 보고 있습니다. 성(省)은 중국에서 가장 큰 지역 단위로 우리나라로 치면 경기도, 충청도와 같은 도(道)입니다. 장제스 등 국민당 세력이 대만을 불법으로 점령하고 있다며 하나의 국가로 인정하지 않고 있습니다. 반대로 대만은 자신들이 중국과 다른 독립된 정부라고 강조합니다.

전쟁이 난다면 우리는 어떤 선택을 해야 할까?

1992년에는 중국과 대만이 '92공식'에 합의했는데요. 92공식이란 '하나의 중국'이라는 기치 아래 통일을 추구하되, '하나의 중국'은 각자가 알아서 해석한다는 것으로 양안관계(兩岸關係)를 인정한 것입니다. 언젠가는 통일해야 하지만 서로의 존재를 인정한다는 것이죠. 이는 중국과 홍콩의 관계에서도 볼 수 있는데요. 홍콩은 아편전쟁 이후 영국의 식민지였다가 1997년에 중국으로 반환되었습니다. 하지만 민주주의 체제 안에 있던 홍콩이 공산주의 일당 체제인 중국의 영토로 편입되는 것이 쉽지 않았기 때문에 홍콩의 체제와 자치를 허용하며 특별행정구로 지정했습니다.

최근 대만과 중국의 관계가 매우 나빠졌는데요. 그 이유는 2014년에 홍콩에서 '우산혁명'이 일어났기 때문입니다. 중국은 홍콩을 반환하면서 일국양제(一國兩制)의 방침을 세웠습니다. 즉, 하나의 국가에 두 개의 체제를 인정했습니다. 그래서 홍콩은 중국과 다른 독자적인 헌법·행정부·법원을 보유할 수 있었죠. 2017년 홍콩 행정장관의 선거 방식을 간선제에서 직선제로 바꿔 자치권을 확대했습니다. 하지만 중국은 후보를 선정할 때 친중국 인사들로만 선발될 수 있는 조건을 만드는 바람에 수많은 홍콩 시민들이 반발하며 시위를 벌였습니다. 중국은 시위를 진압하기 위해 최루탄을 쏘았고 홍콩 시민들은 최루탄을 막기 위해 우산을 들고 나왔습니다. 이 사건이 2014년에 일어난 '우산혁명'이죠. 하지만 중국은 시위대를 강력하게 탄압했고, 해산한 이후에도 우산혁명이 다시 퍼지지 못하도록 인터넷을 검열하고 인스타그램까지 막아버렸습니다.

이러한 중국의 태도를 목격한 대만은 중국과의 통일을 꺼리게 되었지요. 홍콩처럼 중국의 영토가 되어도 민주주의가 탄압받는 미래가 그려졌기 때문입니다. 그래서 우산혁명 이후 진행된 지방 선거에서는 반중 성향의 민주진보당이 큰 지지를 얻었습니다. '하나의 중국'을 외치던 시진핑 주석은 이러한 대만의 태도에 불만을 가지며 2021년 무력시위까지 나서게 된 것입니다. 그러면서 대만을 향해 같은 민족끼리 싸우지 말고 통일하자는 메시지를 던지고 있습니다. 하지만 대만의 총통 차이잉원은 친미 정책을 펼치면서 중국의 의도에 따르지 않겠다는 움직임을 보이고 있죠.

대만의 거센 반발과 러시아-우크라이나 전쟁으로 국제 정세가 혼란한 틈을 타 시진핑은 더욱 공격적인 자세를 취하고 있습니다. 2022년 8월 미국의 낸시 펠로시 하원의장이 대만을 방문한다고 하자 비행기를 격추시키겠다고 경고하고, 10월에 열린 제20차 중국공산당 전국대표대회(당 대회)에서는 대만을 무력으로 통일하겠다는 의지를 밝혔습니다.

문제는 두 나라가 전쟁을 벌이는 경우입니다. 대만은 국력으로는 중국의 상대가 되지 않습니다. 대만 국방부는 중국과 전쟁을 할 경우 18일 안에 점령당할 것이라 발표한 적이 있습니다. 외신들은 더 비관적으로 7일 이내 대만이 점령되리라 보기도 하죠. 하지만 중국이 대만을 공격할 수 없는 이유는 전쟁으로 중국이 입을 피해도 문제겠지만 미국이 개입할 수 있기 때문입니다.

미국 입장에서 대만은 중국을 막고 있는 전초기지 역할을 하는 전략적 요충지입니다. 또한 대만은 전 세계에서 '반도체 파운드리', 즉 외부에서 의뢰를 받아 생산을 전문으로 하는 반도체 산업의 핵심 국가입니다. 대만의 반도체 회사인 TSMC는 2021년 2분기 세계 시장점유율에서 52.9%로 1위를 차지했습니다. 2위는 삼성전자로 17.3%에 불과합니다. 심지어 3위인 UMC도 대만 기업입니다. 말 그대로 대만은 전 세계 반도체 시장을 지배하고 있습니다. 만약 대만이 전쟁으로 반도체를 공급하지 못하면 전 세계가 혼란에 빠질 수도 있는 것이죠.

중국과 대만이 전쟁을 벌인다면 우리나라는 중립을 유지할지, 아니면 한 나라를 지지할지 선택해야 하는 순간이 옵니다. 하지만 우리나라와 동맹국인 미국이 대만을 지원할 것이고, 북한은 중국을 지원할 것이 분명하기 때문에 그 사이에서 중립을 유지하기가 쉽지 않은 상황입니다. 게다가 우리나라의 수출과 수입은 대부분 중국에 의존하고 있어 중국을 적으로 돌리기도 매우 어렵습니다. 우리나라는 '강 건너 불구경' 할 수 없는 상황인 것이죠.

💬 **토론거리_3**

중국의 소수민족 인권 탄압에 맞서 미국을 비롯한 여러 국가에서 2022 베이징 동계올림픽 보이콧을 선언했습니다. 여러분은 우리나라도 보이콧을 선언해야 한다고 생각하나요?

대화의 수준을 끌어올리는 ; 똑똑이 아이템

송씨 세 자매

여러분은 돈, 나라, 권력 중 하나를 선택해야 한다면 어떤 것을 선택할 건가요? 중국에서는 다음과 같은 이야기가 전해 내려오고 있습니다.

과거 중국에 세 자매가 있었다.
한 사람은 돈을 사랑했고,
한 사람은 나라를 사랑했고,
한 사람은 권력을 사랑했다.

바로 송씨 세 자매의 이야기인데요. 청나라 말기 송가수라는 인물은 미국에 유학을 간 엘리트로 중국에 돌아와 출판 사업으로 큰 부자가 됩니다. 그리고 쑨원을 만나 신해혁명에 도움을 주었죠. 그런 그에게는 세 딸이 있었습니다. 송예령, 송경령, 송미령 세 자매였습니다.

첫째, 송예령은 계산적인 인물이었어요. 어느 날 공자의 직계 후손이자 미국에 유학까지 다녀온 대부호 공상희를 만나 결혼을 했죠. 이후에도 함께 사업을 하며 경제적으로 크게 성장합니다.

둘째, 송경령은 쑨원의 비서로 일하면서 중국을 발전시키려는 그의 철학과 목표에 매료됩니다. 하지만 쑨원은 아버지의 친구였고 송경령과는 26살 차이가 났죠. 또한 쑨원은 하와이에 본처가 있는 유부남

이기도 했습니다. 아버지 송가수는 송경령을 감금하면서까지 결혼에 반대했는데, 송경령은 탈출해 결국 쑨원과 결혼합니다. 결혼식장에서 송가수는 "이 결혼은 무효야!"라고 외쳤지만 소용이 없었습니다. 송경령은 쑨원의 든든한 배우자로 중국의 발전을 위해 헌신합니다.

셋째, 송미령은 쑨원의 후계자인 장제스와 결혼합니다. 장제스는 당시 엘리트 군인이었으며 쑨원에게 충성을 맹세한 인물이었죠. 송미령은 장제스와 결혼한 뒤 그의 오른팔이 되어 많은 도움을 주었습니다. 특히 장제스가 장학량과 주은래라는 군인에 의해 체포당하자 직접 담판을 짓고 남편을 구출해 오기도 했죠. 이뿐만 아니라 미국 의회에서 중국인 최초로 연설을 실시해 미국이 국민당 정부를 지원하도록 만드는 외교적 성과도 얻었습니다.

송씨 세 자매는 모두 중국 근현대사의 중요한 인물들과 결혼했습니다. 이를 두고 중국 사람들은 첫째는 돈을 사랑했고, 둘째는 나라를 사랑했고, 셋째는 권력을 사랑했다고 평가했습니다.

송씨 세 자매는 모두 행복하게 지냈을까요? 안타깝게도 국공 내전이 일어나면서 자매들도 헤어질 수밖에 없었습니다. 특히 둘째 송경령과 셋째 송미령은 절대 만날 수 없는 사이가 되었습니다. 사실 송경령과 송미령은 사이가 좋지 않았는데요. 송미령이 장개석과 결혼한다고 했을 때, 송경령이 엄청 반대했습니다. 장개석은 이미 부인과 이혼한 뒤 기생과 결혼했고 첩까지 있는 상황이었죠. 하지만 송미령은 언니가 쑨원과 결혼한다고 했을 때 가족 중 유일하게 찬성하고 축하해주었습니다. 그런 언니가 자신을 반대하다니 배신감을 느꼈습니다.

1927년 8월 1일부터 1949년 12월 7일까지 진행된 국공 내전 결과 장제스의 국민당이 마오쩌둥의 공산당에 패배하면서 장제스와 송미령 부부는 중국 본토에서 떠날 수밖에 없었죠. 송미령은 지원을 얻기 위해 미국으로 떠나 국민당 정부를 위해 다양한 역할을 수행하였습니다. 반면 언니 송경령은 국공 내전 당시 장제스의 독재와 부정부패를 비판하며 공산당을 지지하게 되었고, 쑨원의 아내의 도움이 필요한 공산당은 그녀를 부주석으로 겸 정무위원으로 선출하였습니다. 이후 송경령은 중화인민공화국 명예 주석으로 임명될 만큼 큰 존재가 되었습니다. 그래서 중화인민공화국에 있는 언니 송경령과 중화민국에 있는 동생 송미령은 적으로 지낼 수밖에 없었습니다.

시간이 흐르고 언니 송경령은 건강이 나빠져 임종을 앞두게 되었고, 죽기 전에 동생을 보고 싶다고 말합니다. 그래서 주미중국대사관에 이렇게 전보를 보내죠. "장제스 부인 송미령 급히 귀국 요망" 하지만 전보를 받은 동생 송미령은 중국에 갈 수 없었습니다. 언니가 임종한 1981년에는 중국과 대만의 관계가 좋지 않아 방문하기가 어려웠거든요. 송씨 세 자매의 드라마 같은 이야기는 영화 <송가황조>로 제작되어 널리 알려졌습니다.

3

미얀마 민주화 운동

2021년 태국에서 열린 '미스 그랜드 인터내셔널 2020' 행사에서 미얀마 대표로 참석한 한레이는 환한 미소로 연설을 시작했습니다. 하지만 곧 눈물을 흘리며 자신의 나라 미얀마에 대한 국제적 도움을 호소했습니다.

"제가 오늘 이 무대에 서는 동안에도, 조국 미얀마에서는 많은 사람이 죽어가고 있습니다. 100명이 넘는 사람이 목숨을 잃었습니다. 미얀마를 도와주세요. 우리는 지금 당장 여러분의 긴급한 국제적 도움이 필요합니다."

하지만 그녀의 용기 있는 연설은 안타깝게도 그녀를 집으로 돌아갈 수 없게 만들었죠. 과연 무슨 일이 있었던 것일까요?

피의 일요일

2021년 2월 2일 뉴스에서는 충격적인 장면이 보도되었습니다. 미얀마에서 한 여성이 광장에서 에어로빅 영상을 촬영하던 중, 그 뒤로 쿠데타를 일으킨 세력이 차량을 이끌고 가는 장면이 포착돼 세계에 큰 충격을 주었습니다. 평화로운 미얀마의 아침에 갑자기 쿠데타가 일어난 것이죠. 군부는 쿠데타 직후 미얀마 민주화 운동을 이끈 아웅 산 수치와 윈 민 미얀마 대통령을 구금했습니다. 그리고 국가비상사태를 선포해 국가를 통제하기 시작했죠.

새벽 5시 비상사태를 선언하며 미얀마 전역의 인터넷과 전화 등 통신을 차단했고, 코로나19로 온라인 수업을 하던 국제학교들도 휴교를 하게 되었습니다. 주요 도시들의 교통도 차단해 시민들을 고립시켰죠.

이에 수많은 미얀마 시민들이 거리로 나와 군부 쿠데타를 막기 위해 대규모 민주화 운동을 시작했습니다. 2월 28일 미얀마 최대 도시 양곤을 비롯해 전국에서 민주화 시위가 일어났고 군부 세력은 이를 무력으로 진압했습니다. 시위대를 향해 군경이 실탄을 발포한 것입니다. 유엔인권사무소는 이날 군경의 총격으로 최소 18명이 숨지고 30명이 부상을 당했다고 밝혔고, 미얀마 민주화 세력은 2월 28일을 '피의 일요일'로 지정했습니다.

'피의 일요일' 이후 군부는 쿠데타를 반대하는 시위대를 강압적으로 탄압하고 있습니다. 시위에 참여한 사람 중 800명 이상

군부 쿠데타에 반대하는 미얀마 시민들

이 사망했고, 4,600명 이상이 구금되어 자유를 탄압당하고 있습니다. SNS로 군부 쿠데타를 비판해도 잡혀가는 실정이라 민주주의를 외치는 많은 사람이 숨어서 국제사회의 도움을 요청하고 있습니다.

21세기에 일어난 쿠데타

'쿠데타'라는 말을 들어본 적 있나요? 쿠데타는 지배계급 내의 일부 세력이 무력 등의 비합법적인 수단으로 정권을 탈취하는 기습적인 정치 활동을 의미합니다. 혁명이 계급 구조의 상하가 바뀌는 것이라면, 쿠데타는 지배계급 내에서 변동이 일어난다는 것이죠. 우리나라 말로는 쿠데타를 정변(政變)으로 번역할 수 있지만, 정변은 반란·쿠데타·혁명 등 모든 정치적 변화를 가리키기 때문에 그대로 '쿠데타'라는 말을 쓰고 있습니다. 쿠데타는 프랑스어로 '국가에 대한 일격 또는 강타'를 의미합니다.

역사상 최초로 프랑스에서 쿠데타가 일어났기 때문에 전 세계적으로 이 용어를 그대로 쓰고 있습니다. 1799년 11월 9일 나폴레옹이 군대를 이끌고 브뤼메르의 정변을 일으켜 총재 정부를 무너뜨리고 스스로 제일 집정이 되어 정권을 잡은 것이 최초의 쿠데타입니다. 이후에는 지배 세력이 무력 등을 이용해 비합법적으로 정권을 잡는 경우를 쿠데타라고 정의하게 되었습니다.

나폴레옹이 집권한 19세기는 왕정 체제가 무너지고 민주주의가 성립되는 시기였기 때문에 이러한 혼란을 이용해 쿠데타를 일으키는 세력이 많았죠. 그리고 국민들은 국가의 권력을 되찾기 위해 민주화 운동을 일으키면서 현대에 많은 국가에서 민주주의가 성립되었습니다. 그런데 문제는 제국주의 국가의 지배를 받던 식민지들이었습니다. 제국주의 국가들이 종래 봉건적 지배 질서와 신분 질서를 무너뜨리며 민주주의를 성장시켰던 것과는 달리, 식민지 국가들은 제2차 세계대전 이후 독립을 맞이하면서 큰 변화를 겪기 시작합니다. 이때 제국주의 세력이 물러간 뒤 군인들이 무력으로 쿠데타를 일으켜 집권하는 경우가 생겼는데, 미얀마도 그중 하나였습니다.

미얀마는 과거 영국, 일본, 그리고 다시 영국의 식민 지배를 받았습니다. 1948년 1월 4일 미얀마는 독립했고, 1962년 3월 '30인의 동지'의 일원인 네 윈(Ne Win) 장군이 쿠데타로 집권했습니다. 이후 민주화 운동과 군부 쿠데타가 반복되었고, 2015년 11월에는 총선을 통해 평화적인 정권 교체가 이루어지면서 민주주의가 정착되어 미얀마에도 '민주화의 봄'이 오게 된 줄 알았습니다. 21세기에 들어서면서 쿠데타는 역사적인 옛 용어로 남을 줄 알았죠. 하지만 '피의 일요일'과 함께 또다시 군부가 쿠데타를 일으켰습니다. 그럼 이제 미얀마의 역사를 통해 도대체 21세기에 왜 쿠데타가 일어나게 되었는지 알아보도록 합시다.

'버마'라는 나라를 들어보았나요?

세계지도를 펼쳐 '버마'라는 나라를 찾아봅시다. 아마 세계지도에는 없을 거예요. 미얀마의 옛 이름이 버마였기 때문이죠. 미얀마에서 군부 쿠데타가 일어난 이유를 알려면 나라 이름이 왜 버마에서 미얀마로 바뀌게 되었는지 그 배경부터 살펴봐야 합니다.

미얀마에는 옛날부터 다양한 민족이 살고 있었습니다. 18세기에 버마족과 몬족이 서로 세력을 다투다가 버마족이 최후에 승리하게 되었죠. 그러다가 19세기부터 점차 영국의 침입을 받게 되었고 1885년 결국 영국 식민지로 전락했습니다. 영국은 이 지역에 버마족이 많이 살고 있으니 '버마'라고 불렀습니다.

버마는 영국의 식민 지배에서 벗어나고자 독립운동을 시작했습니다. 이때 독립은 이끈 사람이 바로 '아웅 산'이었습니다. 이름이 많이 익숙하죠? 현재 미얀마의 민주화를 이끌고 있는 '아웅 산 수치'의 아버지입니다. 아웅 산은 대학생 시절 미얀마의 근대화와 경제 성장을 위해 독립과 사회주의가 필요하다고 생각했습니다. 그래서 당시 중국의 공산주의 대표인 마오쩌둥의 지원을 받고자 중국으로 건너갑니다. 그런데 하필 일본이 점령하고 있었던 푸젠성 샤먼으로 갔고 일본인에게 잡힙니다. 당시 일본은 미얀마에 주둔하고 있던 영국군을 몰아내고 자신들이 미얀마를 차지하려는 야심을 가지고 있었죠. 그래서 아웅 산에게 독립운동을 할 수 있도록 지원을 약속합니다.

아웅 산은 일본의 지원으로 독립군을 만들었습니다. 이때 사회주의 세력뿐만 아니라 자유주의 세력도 영국을 몰아내기 위해 모이기 시작했습니다. 훗날 쿠데타를 일으켜 미얀마의 정권을 잡은 네 윈도 합류하게 되었죠. 이들을 '30인의 동지들'이라 부르는데 영국으로부터 독립운동을 펼치는 핵심 세력이 되었습니다. 1941년에는 버마 독립군을 창설했고, 1942년 일본이 태평양·동남아시아 지역으로 세력을 확대하고자 미얀마를 공격했을 때는 함께 영국을 몰아냈습니다.

제2차 세계대전 당시 일본과 싸우던 연합군 입장에서도 미얀마는 중국과 인도 사이에 있는 요충지였기 때문에 1945년 1월 핵심 지역을 공격하기 시작했습니다. 그러던 중 1945년 3월 미얀마의 핵심 지역을 연합군이 거의 차지하고 일본을 몰아냈던 시기에 미얀마 독립군을 이끌던 아웅 산과 영국군 장군 슬림이 만나게 되었습니다. 아웅 산은 일본의 지원을 받아 영국군을 몰아내고 미얀마가 독립할 줄 알았지만, 일본이 미얀마 지역을 잔혹하게 지배하면서 다시 연합군의 도움이 필요했던 것이죠. 그래서 아웅 산과 슬림은 협약을 맺어 버마 독립군이 영국군과 함께 싸우며 일본으로부터 독립하기 위해 노력했습니다.

1945년 7월 미얀마는 일본군을 몰아낸 이후 다시 영국의 식민지가 되었습니다. 그런데 19세기 식민 지배 방식과 다르게 미얀마를 자치령으로 인정하고 단계적으로 독립시킬 것을 약속합니다. 영국은 함께 일본을 몰아낸 아웅 산에게 정권을 넘기려 했고, 아웅 산도 1944년에 조직된 반파시스트 인민자유연맹을 이끌면서 새롭게 독립할 나라를 준비하고 있었습니다. 아웅 산은 미얀마에 살던 소수민족의 독립을 약속하면서 다양한 민족을 포함하는 내각을 구성했습니다. 하지만 1947년 7월 19일 미얀마 양곤에서 각료 회의를 하고 있던 아웅 산은 괴한의 총격으로 32살이라는 젊은 나이에 미얀마의 독립을 보지 못하고 세상을 떠나게 되었습니다.

아웅 산이 죽은 후 1948년 1월 4일 버마는 연방제 국가로 독립했고, 아웅 산과 함께 독립을 준비한 '우 누(U Nu)'가 초대 수상에 임명되었습니다. 그런데 아웅 산과 독립을 함께 이끈 육군 사령관 '네 윈' 장군이 과도정부 수립 후 1962년 쿠데타를 일으켜 집권합니다. 군부독재가 시작되자 많은 사람이 반발했고, 군부는 반발 세력을 무자비하게 탄압했습니다. 군부독재 기간 중 미얀마에 사는 다양한 소수민족의 지도자와 야당 정치인들은 실종되거나 살해되었죠. 네 윈은 26년이라는 긴 군부독재 기간 동안 버마식 사회주의를 외쳤습니다. 버마식 사회주의란 다른 나라와 교류하지 않고 농업을 통해 성장하는 것이었죠. 그 결과 미얀마는 세계에서 가장 가난하고 고립된 나라가 되었습니다.

8888항쟁

네 윈의 군부독재 기간 동안 버마식 사회주의로 미얀마 사람들은 경제적으로 큰 어려움을 겪고 있었습니다. 그러자 도시에 있는 학생들이 중심이 되어 네 윈의 군부독재와 버마식 사회주의 제도를 반대하는 시위를 시작했습니다. 이때가 1988년 8월 8일이라 이 사건을 '8888항쟁'이라고 합니다. 네 윈은 무력으로 시위대를 진압했는데, 이때 시민과 학생, 승려 등 3,000여 명이 사망하고 1만여 명이 실종되었습니다. 그러자 국제사회에서는 네 윈 정권을 비판하게 되었고 내부적인 반발도 더욱 거세졌습니다. 이런 혼란을 틈타 소 마웅 장군 등이 조직한 '국가법질서회복위원회(SLORC)' 세력이 군부 내에서 쿠데타를 일으켜 네 윈을 강제 퇴진시켰습니다. 네 윈을 몰아낸 소 마웅 군부는 국민들이 군부를 지지할 것이라 생각해 8888항쟁 당시 약속한 총선거를 1990년 5월에 실시했습니다. 총선 결과 8888항쟁의 중심이 된 '민주민족동맹(NLD)'이 82퍼센트의 지지를 받아 압승했습니다. 그러자 군부는 선거 결과가 무효라며 민주 인사 수백 명을 감금했습니다. 또다시 미얀마에서는 군부독재가 시작된 것이죠. 이때 버마에서 미얀마연방공화국으로 국호를 개칭했습니다.

미얀마에서는 총칼을 앞세운 군부독재가 지속되면서 계속 국제적 비난을 받았고, 내부적으로도 민주화에 대한 움직임과 경제적 실패에 대한 반발이 계속되었습니다. 이때 군부독재를 비판하고 민주화를 이끈 인물이 미얀마의 독립 영웅 아웅 산의 딸 아웅 산 수치였습니다. 원래 아웅 산 수치는 평범한 삶을 살고 싶어 했다고 합니다. 하지만 군부독재가 지속되자 미얀마 국민들은 아웅 산 수치에게 정치적 역할을 기대했고, 군부도 이를 의식하고 있었죠. 8888항쟁을 이끈 아웅 산 수치는 1989년 국가보안법 위반을 빌미로 가택에 15년 동안 연금되어 창살 없는 감옥에서 살아야 했습니다. 아웅 산 수치는 1991년 노벨 평화상을 받았을 때도, 1999년 남편이 암으로 사망했을 때도 군부의 감금 조치로 집 밖으로 나가지 못하고 있었습니다.

2010년 11월에 가택 연금에서 해제된 아웅 산 수치는 2012년 4월 1일 치러진 국회의원 보궐선거에 출마해 하원 의원에 당선되면서 다시 정치권에 등장했습니다. 그리고 그녀를 중심으로 하는 민족민주동맹(NLD)도 재보선 대상 45석 가운데 43석을 차지하는 압승을 거두었죠. 이후 2015년 미얀마 총선거에서도 민족민주동맹이 크게 이기면서 민주 정부가 출범했고 미얀마도 53년 동안의 긴 군부독재가 끝나게 되었습니다.

토론거리_4
군부독재 시기 소수민족을 아우를 수 없다는 이유로 국호를 버마에서 미얀마로 바꾸었습니다. 하지만 미얀마는 군부독재 시기에 바뀐 이름이므로 다시 버마로 부르자는 의견도 있어요. 여러분은 두 이름 중 어떤 이름으로 부르는 것이 좋나요?

또다시 쿠데타를 일으킨 이유

아웅 산 수치가 집권하는 정당이 들어서면서 민주화된 미얀마에 왜 또다시 군부 쿠데타가 일어났을까요? 2015년 총선거에서 민주 정부가 출범했지만 사실 여전히 군부독재의 잔재가 남아 있었습니다. 미얀마는 헌법을 개정하려면 상·하원 75퍼센트 이상 동의가 필요합니다. 그런데 군부가 상·하원의 25퍼센트를 미리 할당할 수 있는 권한이 있었죠. 즉, 헌법을 군부의 동의 없이 개정하는 것은 불가능했습니다. 그런데 2020년 11월 8일에 실시된 총선에서 아웅 산 수치가 이끄는 민족민주동맹(NDL)이 83퍼센트 득표

율로 군부 세력을 크게 이겼습니다. 하원 의석 440석 중 315석을, 상원 의석 224석 중 161석을 차지했죠. 점차 민주화 세력이 총선에서 압승해나가자 군부는 위기의식 느꼈습니다. 이렇게 되면 민주 세력에 의해 헌법이 개정되어 군부 세력은 힘을 잃을 수도 있다고 판단해, 결국 2021년 2월 1일 새벽에 미얀마 역사에서 세 번째 군사 쿠데타가 일어나게 되었습니다. 민 아웅 흘라잉 최고사령관은 쿠데타 이후 권력을 잡고 부정선거를 바로잡는다는 명분을 내세우고 있습니다. 그리고 민주화의 상징인 아웅 산 수치를 다시 감금했습니다. 그러자 앞에서 보았던 수많은 미얀마 시민들이 군부 쿠데타를 비판하며 민주 정부를 회복하고자 시위에 나섰고, 군부는 이를 무력으로 강경하게 진압하고 있습니다.

역사에 어떻게 기록될까?

2022년 6월 26일 미얀마의 양곤을 포함한 주요 도시에서 마약 2톤을 태워버렸습니다. 군정부가 '세계 마약 퇴치의 날'을 맞이해 마약을 근절하기 위한 행동이었다고 발표했습니다. 하지만 명분 없이 쿠데타를 일으킨 군정부가 자기 정당화를 위해 했던 행동이라고 전문가들은 분석합니다. 여전히 군정부는 집권을 위해 쿠데타가 일어난 지 1년이 지나도록 이어지고 있는 민주화 운동을 탄압하고 있기 때문이죠.

1년이 넘는 시간 동안 군부 쿠데타에 맞서 싸운 미얀마 시민들의 피해도 증가하고 있는데요. 유엔 보고서에 따르면, 식료품 가격이 약 30퍼센트, 연료 가격이 약 85퍼센트 상승해 큰 경제적 어려움을 겪고 있다고 합니다. 군부에 저항하다가 1,600명 이상이 사망하고, 44만 명 이상이 피난길에 올랐다는 통계도 있습니다. 더군다나 민주화 운동을 주도한 인사들은 사형 판결을 받고 있고, 민주화의 상징인 아웅 산 수치도 선거법 위반 등으로 100년이 넘는 징역형을 선고할 수 있는 상황입니다.

안타깝게도 미얀마 쿠데타에 대한 국제적 관심이 점차 줄어들고 있어 미얀마 민주화 운동을 하는 시민들은 미얀마에 관심을 갖고 지켜봐줄 것을 국제사회에 호소하고 있습니다. 과연 21세기에 일어난 군부 쿠데타는 역사에 어떻게 기록될까요? 여러분도 역사의 증인이 되어 미얀마에서 일어난 사건들을 주의 깊게 바라보길 바랍니다.

대화의 수준을 끌어올리는 ; 똑똑이 아이템

평범한 삶을 꿈꿨던 한 여자

아웅 산 수치는 1945년 6월 19일 아버지 아웅 산과 그의 아내 킨 치 사이에서 세 번째 딸로 태어났습니다. 미얀마의 독립 영웅이자 국부라 불리는 아웅 산에게 소중한 딸이었죠. 안타깝게도 아웅 산은 1947

미얀마 민주화 운동의 상징
아웅 산 수치

년 7월 19일 괴한의 총격에 세상을 떠납니다. 이후 아웅 산 수치는 1960년 인도 대사로 부임한 어머니를 따라 외국으로 나가게 되었습니다. 1962년 네 윈 장군의 군부 쿠데타가 일어나 독재 정권이 수립되자 아웅 산의 가족들은 군부의 감시를 피해 외국에서 망명 생활을 하게 되었죠. 그렇게 아웅 산 수치는 외국에서 평범한 삶을 살게 되었습니다. 영국 옥스퍼드 대학에서 정치와 경제, 철학을 공부하고, 미국 뉴욕으로 가서 유엔에서 근무하게 되었습니다. 이때 영국인 남편 마이클 에어리스와 결혼해 두 아들을 키우며 평범한 삶을 살고 있었습니다.

1988년 그녀의 인생이 뒤바뀌는 사건이 발생했습니다. 어머니가 뇌졸중으로 쓰러지자 병간호를 위해 미얀마로 돌아갔죠. 이때 군부독재로부터 민주주의를 되찾자는 8888혁명이 일어났고 수많은 학생과 시민이 군부의 탄압에 죽어갔습니다. 미얀마 시민들은 군부독재를 몰아낼 중심인물로 미얀마 독립의 영웅 아웅 산의 딸 수치를 기대했습니다. 미얀마에 4월에 입국한 수치는 처음에는 어머니 병간호에만 전념했습니다. 그런데 8888항쟁에서 군부가 수천 명의 시민을 죽이자 아웅 산 수치는 미얀마의 민주화에 헌신하기로 결심합니다. 이때부터 미얀마 민주주의의 상징으로서 그녀의 삶이 새롭게 시작되었습니다. 아웅 산 수치가 등장한 이후 8888항쟁에 참여한 민주화 운동 세력은 더욱 커져갔습니다. 많은 국민이 아웅 산 수치와 함께 민주화 운동에 참여했죠. 군부도 민주화에 대한 의지가 커져가자 탄압만으로는 해결할 수 없다고 판단해 일당 독재를 폐지하고, 다당제와 선거를 실시할 것을 약속합니다. 아웅 산 수치는 군부독재에 맞서기 위해 민주민족동맹(NLD)를 창설하고 사무총장직을 맡았습니다. 아웅 산 수치가 가는 곳마다 민주화를 갈망하는 국민들이 모여 열렬한 지지를 보냈습니다. 하지만 군부는 권력을 국민들에게 넘겨줄 생각이 꿈에도 없었죠. 그래서 1989년 쿠데타로 집권한 소 마웅 장군의 신군부는 시위대를 탄압하면서 7월에 아웅 산 수치를 가택에 연금했습니다. 이때부터 2010년까지 그녀는 오랜 기간 군부에 의해 가택 연금과 감시를 당하며 자유를 억압받았습니다.

2010년 가택 연금이 끝나고, 2015년 총선거 결과 그녀가 이끄는 민주민족동맹이 압승해 민주화가 열리는 줄 알았지만, 2021년 군부 쿠데타가 또다시 일어났고 아웅 산 수치는 다시 군부에 의해 감금되었습니다. 6월에 언론에 잠시 그녀의 모습이 등장하기도 했습니다. 2월부터 민주화를 위해 시위에 참여한 시민들이 군부의 탄압으로 죽거나 다쳤는데, 아웅 산 수치는 밖에서 일어나는 일을 알 수 없는 듯했습니다. 모든 것을 차단당하고 다시 감금된 삶을 살고 있는 아웅 산 수치는 앞으로 어떻게 될까요? 그녀는 지금 어떤 생각을 하고 있을까요?

4

끝나지 않는
이스라엘-팔레스타인 분쟁

우리나라는 휴전 상황이고 언제든 전쟁이 일어날 수 있기 때문에 평소에도 전쟁 대비를 위해 민방위 훈련을 하고 있습니다. 사이렌이 울리면 전시 상황을 가정해 민방위 훈련을 실시하는데요. 이스라엘에서도 평상시 사이렌이 울리고 사람들이 대피하는 모습을 볼 수 있습니다. 다만, 우리나라와 다른 점이 있다면 이스라엘에서는 사이렌이 울리면 주위에 진짜 미사일이 떨어진다는 것이죠. 실제로 버스를 타고 가다가 사이렌이 울리면 버스에서 내려 주변 방공호로 대피한 후 미사일이 떨어져 폭파하는 소리가 들리고 나면 다시 버스를 타고 일상으로 돌아간다고 합니다. 이야기만 들어도 무섭지 않나요? 그렇다면 왜 이스라엘은 미사일 공격을 받는 공포 속에 살고 있을까요?

아이언 돔, 이스라엘 하늘을 지키다!

1948년에 이슬람 국가인 팔레스타인 지역에 나라를 세운 이스라엘은 그 이후로 중동 지역 이슬람 세력으로부터 끊임없는 공격을 받았습니다. 크게는 제1차부터 제4차까지 중동전쟁이 있었고, 작은 전투까지 합하면 이스라엘은 셀 수 없을 정도로 주변 나라들과 끊임없이 전쟁을 해오고 있습니다. 이 과정에서 이스라엘과 주변국은 미사일로 서로를 공격하는 지경에 이르렀습니다. 1990년대 레바논에 기반을 둔 무장 투쟁 조직인 헤즈볼라가 이스라엘 북쪽에 인구 밀집 지역을 로켓으로 공격한 사건이 발생했습니다. 이때부터 이스라엘은 방어를 위해 날아오는 미사일에 단거리 미사일을 발사해 격추하는 방어 체제를 구상했죠. 2004년부터 이스라엘 방위군(IDF) 연구 개발 부서의 책임자로 다니엘 골드가 부임하면서 미사일 방어 체제 개발이 시작되었습니다.

이스라엘은 미사일 공격을 방어하기 위해 아이언 돔(Iron Dome)을 2011년에 배치했습니다. 이후 아이언 돔은 팔레스타인 등 이슬람 국가와 갈등이 있을 때마다 이스라엘의 하늘을 막고 있습니다. 아이언 돔은 근접 거리부터 최대 70킬로미터 밖에서 발사된 단거리 미사일을 격추하는 방어 체제로, 레이더가 이스라엘로 공격해오는 미사일을 포착하면 컴퓨터가 미사일의 경로를 순간적으로 파악합니다. 민간인 지역이나 정부 주요 시설 등 피해를 줄 것이라 예상되는 미사일을 격추하는 것이죠. 아이언 돔은 이동이 가능

이스라엘에 배치된 아이언 돔

한 차량에 400킬로미터 사방을 탐지할 수 있는 레이더와 분당 1,200개 목표물을 분석하는 컴퓨터, 적의 공격을 방어하는 격추용 타미르 미사일로 구성되어 있는 최첨단 무기입니다.

아이언 돔이 처음 도입되었을 때는 부정적인 의견이 많았는데, 첫째 과연 작고 빠르게 날아오는 단거리 미사일을 얼마나 잘 방어할 수 있느냐는 의문이 들었기 때문입니다. 하지만 걱정을 뒤엎고 아이언 돔은 전 세계를 놀라게 합니다. 2011년에 실전에 배치된 아이언 돔은 2012년에 팔레스타인에서 발사한 미사일 737발 가운데 피해를 줄 것으로 예상되는 273발 중 무려 245발을 격추합니다. 2021년 5월 10일에 이스라엘 정부는 팔레스타인 하마스가 발사한 800여 발의 미사일을 격추하는 아이언 돔의 모습을 영상으로 공개했습니다. 전 세계는 미사일을 90퍼센트 이상 방어하는 아이언 돔의 기술에 놀랐습니다. 둘째, 아이언 돔의 운영비 문제 때문입니다. 아이언 돔에서 발사되는 타미르 미사일은 한 발당 가격이 5,000만 원 정도입니다. 팔레스타인 하마스에서 사용하는 까사 미사일은 한 발당 50~300만 원 정도로 엄청난 가격 차이를 보이고 있죠. 그래서 최근 이슬라엘 정부는 비용 절감을 위해 레이저로 미사일을 격추하는 기술을 개발하고 있답니다.

 **토론거리_5**

이스라엘은 팔레스타인과의 분쟁에서 SNS를 이용하고 있어서, 전쟁의 과정을 전 세계 사람들이 실시간으로 볼 수 있는데요. SNS를 전쟁의 수단으로 이용하는 것에 대해 어떻게 생각하나요?

'시온'으로 가자!

여러분은 혹시 '시온'이라는 단어를 들어본 적이 있나요? '시온'이라는 단어는 종교뿐만 아니라 문학, 영화, 게임 등 다양한 장르의 소재로 등장하고 있습니다. 물론 시온은 고향 또는 목적지라는 공통된 의미로 사용되고 있습니다. 그렇다면 시온이라는 말이 어디에서 비롯되었는지 이스라엘의 역사를 함께 살펴보겠습니다.

시온은 이스라엘에 있는 산의 이름입니다. 시온은 고대 히브리어로 요새, 안전한 곳이라는 뜻을 가지고 있습니다. 고대 이스라엘 왕국에서도 가장 성스러운 곳이었으며, 유대인들은 하나님이 계신 곳으로 여겼습니다. 지금은 다윗 왕의 무덤, 예수님이 최후의 만찬을 베푼 곳 등 종교적으로나 역사적으로 매우 중요한 장소입니다. 그래서 예루살렘을 대표하는 상징적인 장소로 여겨지고 있죠. '시오니즘'은 예루살렘으로 돌아가자는 유대인들의 이념입니다. 유대인들은 왜 고향인 예루살렘으로 돌아가자고 했을까요? 지금부터 중동 분쟁의 배경이 된 시오니즘의 역사를 알아보도록 합시다.

아주 먼 옛날 중동 지역에는 이스라엘 왕국이 있었습니다. 솔로몬 왕 이후 이스라엘 왕국은 북쪽 지역인 북이스라엘과 남쪽 지역인 유다왕국으로 분열되었습니다. 그리고 북이스라엘은 아시리아에 의해, 유다왕국은 신바빌로니아에 의해 멸망당해 이 지역에 살고 있던 이스라엘 백성들은 포로로 끌려가거나 흩어졌습니다. 이후 그들의 종교인 유대교를 믿고, 언어인 히브리어를 쓰는 이스라엘 후손을 '유대인'이라 부르게 되었습니다. 유대인들은 로마제국 시절 다시 이스라엘 왕국을 재건하기 위해 전쟁을 일으켰지만 실패로 끝납니다. 135년 유대인의 반란을 진압한 로마 황제 하드리아누스는 유대인들의 독립운동을 막고자 그들을 예루살렘에서 추방했습니다. 결국 예루살렘 지역에 남아 있던 유대인들은 전 세계로 뿔뿔이 흩어져 살게 되었습니다.

나라를 잃은 유대인들에게는 차별의 역사가 이어졌습니다. 기독교 세계에서는 유대인을 예수를 죽인 민족으로 여겨 증오하고 멸시했습니다. 오랜 시간을 거쳐 유럽 지역에서 차별받던 유대인들은 자신들의 고향인 이스라엘로 돌아가고 싶어 했습니다. 1893년 유대인 대학생 지도자 나탄 비른바움이 《자기 해방》(Self-Emancipation)이라는 책에서 처음으로 이러한 생각을 '시오니즘'이라고 불렀습니다. 19세기 말 프랑스에서 포병 장교 드레퓌스가 증거도 없는데 유대인이라는 이유로 유죄 판결을 받았다가 풀려난 사건이 발생했습니다. 제2차 세계대전 당시에 나치는 수백만 명의 유대인을 학살하는 홀로코스트를 저질렀습니다. 이런 과정을 겪으며 유대인들은 예루살렘에 다시 이스라엘을 재건하는 시오니즘을 갈망하게 됩니다.

영국 때문에 일어난 중동전쟁

기원전 6세기 유다왕국이 신바빌로니아에 멸망한 지 2,500년이 지난 1948년에 유대인들은 자신들의 역사가 시작된 곳에 이스라엘을 건국했습니다. 유대인들의 염원인 시오니즘과 함께, 이스라엘 건국의 배경이 된 큰 사건이 있었습니다. 바로 '밸푸어선언'입니다. 1917년 11월 2일, 영국 외무장관 밸푸어가 유태계 금융 재벌 로스차일드 백작에게 서한을 보냅니다. 편지 내용은 "팔레스타인에 유대 민족국가 건설을 지지한다", "영국 내각의 승인까지 받왔다"라는 것이었습니다. 영국이 이스라엘 건국을 약속한 이유는 당시 유대인들이 자본과 기술력이 있었고, 제1차 세계대전 중인 영국에 유대인들의 도움이 필요했기 때문이죠. '밸푸어선언' 이후 시오니즘에 따라 많은 유대인이 팔레스타인 지역으로 건너오게 되었고, 제2차 세계대전 당시 나치 독일의 홀로코스트를 피해 더 많은 유대인이 팔레스타인에 정착하게 되었습니다.

당시 팔레스타인 지역은 오스만제국의 지배를 받고 있었는데, 제1차 세계대전 결과 영국이 위임통치를 하고 있었죠. 유대인들은 밸푸어선언에 따라 국가를 수립하는 것이 가능하리라 생각했습니다. 하지만 영국이 이 지역에 살고 있는 아랍인들에게 또 다른 약속을 한 것이 문제였습니다. 제1차 세계대전이 한창 진행 중이던 1915년 10월, 이집트 주재 영국 고등판무관 맥마흔이 메카의 셰리프 마호메트의 자손인 후세인과 열 차례에 걸쳐 왕복 서신을 주고받았습니다. 전쟁에서 아랍인의 도움을 받고자 아랍인 국가 건설을 지지한다고 약속했는데, 이를 '맥마흔선언'이라 합니다. 그런데 아랍인들은 영국이 오스만제국으로부터 독립한 자신들에게 국가를 세워주겠다고 약속해놓고 오히려 유대인들에게 이스라엘 건국을 약속하자 반발하고 나섰습니다.

팔레스타인 지역에서 유대인과 아랍인의 갈등이 고조되자 1947년 유엔은 팔레스타인 지역을 유대인 국가와 아랍 국가로 분리하되 예루살렘은 국제 공동 통치 구역으로 두는 '팔레스타인 분할 안'을 통과시켰습니다. 원래 이 지역에서 오랫동안 살았던 아랍인들은 이 결정에 반발했고, 반대로 유대인들은 찬성했습니다.

1948년 5월 14일 영국군은 팔레스타인 지역의 분쟁을 정리하지 못한 채 철수했고, 유대인들은 이스라엘 건국을 선포하자 이집트를 비롯한 아랍 국가들은 이에 반발하며 이스라엘을 공격했습니다. 이 사건이 제1차 중동전쟁입니다. 초기에는 아랍 측이 우세했는데, 1948년 9월에 아랍연맹은 가자 지구를 중심으로 팔레스타인 정부를 수립하기도 했죠. 하지만 이스라엘의 격렬한 저항으로 아랍 측은 점차 패퇴를 거듭했고, 국제연합의 조정으로 1949년 2월 휴전이 성립되었습니다. 이때 팔레스타인 사람들은 난민이 되어 이스라엘의 가자 지구와 서안 지구로 밀려나게 되었습니다.

1967년 제3차 중동전쟁에서 이스라엘은 가자 지구와 서안 지구를 점령했죠. 그곳에는 유대인보다 팔레스타인 난민이 주민의 대다수를 차지하고 있어, 이스라엘 정부도 1993년 오슬로협정을 통해 팔레스타인 자치를 약속했습니다.

이스라엘이 이슬람 국가들 사이에 등장한 순간부터 중동 지역의 끊임없는 분쟁이 예견되었습니다. 이스라엘과 이슬람 국가들 사이에는 오랜 종교·역사적 갈등이 있었기 때문이죠. 또한 이스라엘은 중동 지역에 길게 뻗어 있는 영토를 차지해 아랍 국가들에게는 위협이 되었습니다. 실제로 제1차 중동전쟁 당시 아랍연맹에는 이집트, 이라크, 요르단, 시리아, 레바논, 사우디아라비아가 참여했습니다. 그리고 1973년 제4차 중동전쟁까지 이스라엘과 중동 아랍 국가들은 크게 네 차례에 걸쳐 전쟁을 치렀습니다. 이후 이스라엘은 안정된 국가 운영을 위해 영토를 확장하고 내부의 팔레스타인 사람들을 규제했습니다. 이에 팔레스타인 사람들이 저항하면서 오늘날까지도 분쟁이 계속되고 있는 것입니다.

토론거리_6

영국은 제1차 세계대전에 오스만제국을 상대하기 위해 '맥마흔선언'으로 아랍인의 독립을 약속하고, '밸푸어선언'으로 이스라엘의 건국을 약속했는데요. 이러한 영국의 이중 외교에 대해 어떤 평가를 내릴 수 있을까요?

대화의 수준을 끌어올리는 ; 똑똑이 아이템

팔레스타인은 194번째 유엔에 가입한 국가

팔레스타인 지역에는 1946년에 이슬람 국가인 팔레스타인이 독립할 예정이었지만, 영국이 유대인들에게 독립을 약속한 밸푸어선언으로 팔레스타인 건국은 난항에 빠집니다. 결국 1964년 이집트 카이로에서 열린 아랍연맹의 정상회담에서 팔레스타인의 해방과 독립을 이루겠다고 결의하면서 팔레스타인해방기구(PLO)를 창립했습니다. PLO

는 이스라엘의 멸망을 목표로 무장투쟁을 벌였습니다. 하지만 이스라엘에게는 무력으로 상대가 되지 않았고, 게릴라전은 테러 행위로 규정돼 국제사회로부터 비판을 받게 됩니다. PLO가 국제사회의 비난을 받게 된 대표적 사건이 있었습니다. 1972년 뮌헨 올림픽 기간에 팔레스타인 테러 단체 '검은 9월단'이 이스라엘 선수촌에 침입해 선수와 스태프 등을 인질로 잡고 팔레스타인 포로 234명의 석방을 요구한 것이죠. 무력 투쟁으로 국제사회의 비난을 받자 PLO는 평화적인 방법을 선택합니다. 1993년 오슬로협약을 맺어 이스라엘로부터 자치 정부로 인정받아 서안 지구와 가자 지구에 통치권을 얻게 되었습니다. 그리고 2012년 이스라엘과 미국의 강력한 반대에도 불구하고 유엔에서 팔레스타인을 '비회원 옵저버 국가'로 인정했습니다. 사실상 하나의 '국가'로 인정한 것이라 볼 수 있습니다.

장난으로 쏜 총알로 조직된 하마스

이스라엘과 팔레스타인의 분쟁에서 계속 등장하는 단어가 있는데, 바로 팔레스타인 '하마스'인데요. 하마스는 '이슬람 저항 운동'이라는 뜻으로 팔레스타인의 극단주의 이슬람 무장 테러 단체입니다. 하마스가 어떤 조직인지 알려면 중동전쟁 이후 이스라엘과 팔레스타인의 분쟁 과정과 '인티파다(intifada)'에 관해 먼저 살펴봐야 합니다.

인티파다는 봉기, 반란, 각성을 의미하는 아랍어입니다. 1987년 12월에 이스라엘군의 전차 운반 크레인이 팔레스타인 노동자를 태우고 가던 자동차를 덮쳐 4명이 사망하고 7명이 중상을 입는 사건이 발생했습니다. 이를 계기로 팔레스타인 사람들은 반(反)이스라엘 투쟁을 전개합니다. 그러던 중 가자 지구에서 팔레스타인 소녀 인티사르 알아타르가 학교 운동장에서 근처에 사는 유대인 정착민 시몬 이프라가 쏜 총에 살해되는 사건이 발생합니다. 유대인 시몬 이프라는 그저 장난으로 총을 쐈으므로 이스라엘 법원은 살해 의도가 없다고 판단해 무죄 판결을 내렸습니다. 이 사건은 수많은 팔레스타인 사람들의 분노를 불러일으켰고 특히 청소년들이 이스라엘에 저항하는 계기가 되었습니다. 이스라엘 정부는 1987년부터 시작된 인티파다에 참여한 팔레스타인 사람들을 강경하게 진압했고, 그 결과 수만 명이 부상을 당하고, 300여 명의 청소년을 비롯해 총 1,600여 명이 사망했습니다.

두 나라 사이에 분쟁이 심해질수록 난민 문제와 중동 지역의 석유 문제 등이 커져 국제사회도 두 손 놓고 보고만 있을 수 없었습니다. 결국 1993년에 미국 클린턴 대통령의 중재로 이스라엘은 PLO와 오슬로협정을 맺어 제1차 인티파다를 끝내고 평화의 대화를 시작했습니다. 오슬로협정은 팔레스타인의 자치와 선거, 이스라엘군 철수등을 골자로 하는 평화 조치였습니다. 그런데 구체적으로 조항을 살펴보면 팔레스타인에게 매우 불리한 내용이 많아 팔레스타인 내 과격한 세력들은 오슬로협정을 따를 수 없다며 PLO를 탈퇴해 독자적으로 활동했습니다. 이때 하마스도 PLO를 탈퇴하면서 독자적으로 무장투쟁을 전개했고요.

하마스는 제1차 인티파다가 일어났을 때 이집트 무슬림 형제단의 팔레스타인 지부에서 나온 조직입니다. 이스라엘에 강경한 태도를 취하고 있는 극우 단체로 폭탄 테러 등으로 저항했습니다. 심지어 여자와 어린아이에게도 폭탄을 주고 테러를 자행하는 과격한 모습을 보였죠. 평화를 위해 오슬로협정을 체결했지만, 실행 과정에서 두 나라 사이에 견해 차이로 결국 교섭이 결렬되면서 제2차 인티파다가 시작되었습니다. 2000년 9월에 평화 협상을 반대하는 아리엘 샤론 전 국방장관은 동예루살렘 이슬람교 성지인 알 악사 모스크에 무장 호위병을 대동한 채 방문했습니다. 이슬람교를 믿는 팔레스타인 사람들 입장에서는 모욕적인 행위였고, 가자 지구와 서안 지구 주민, 팔레스타인 난민이 일제히 봉기했습니다. 이렇게 시작된 제2차 인티파다에서 하마스가 주도하면서 세력은 더욱 확대되었습니다.

PLO의 평화적 외교 실패와 제2차 인티파다 속에 진행된 2006년 1월 25일 총선거에서 하마스는 132석 중 74석을 획득하는 대승을 거두면서 팔레스타인의 정권을 잡게 되었습니다. 하마스는 이스라엘을 군인과 민간인 구분 없이 공격했습니다.

지금은 자신들의 군부대를 민가에 숨도록 해 민간인을 방패로 삼는 등 극악무도한 행동을 벌이고 있습니다. 그럼에도 이스라엘과 오랜 분쟁에 불만이 쌓인 팔레스타인 사람들은 하마스를 지지하고 있는 상황입니다. 이스라엘에서는 극우 세력인 하마스가 집권한 팔레스타인과는 타협할 수 없다고 주장하고 있습니다. 한편 이스라엘 강경파는 하마스의 집권에 반대하면서 정권을 잡는 데 이를 이용하고 있는 상황이고요. 결국 두 나라는 '상대방의 멸망' 외에는 해결책이 없다고 주장하고 있습니다.

'평화로운 마을' 예루살렘에 과연 평화는 찾아올까?

여러분은 이스라엘의 수도이자 유대인들의 고향인 예루살렘이 무슨 뜻인지 알고 있나요? 바로 '평화로운 마을'입니다. 하지만 지금은 세계에서 가장 위험한 마을 중 하나죠. 예루살렘을 중심으로 건국된 이스라엘은 팔레스타인 지역에 살았던 팔레스타인 사람들을 이스라엘 밖으로 몰아내려 했습니다.

가자 지구와 서안 지구로 밀려난 팔레스타인 난민은 세계에서 가장 힘들게 살아가는 민족이 되었습니다. 특히 가자 지구는 우리나라의 세종시 크기 정도에 200만 명 이상의 사람이 살고 있습니다. 이 중 80퍼센트 이상의 난민이 외부의 도움 없이는 살아갈 수 없는 상태이고요. 지속되는 전쟁과 분쟁으로 영토는 황폐화되었고, 물도 오염되어 95퍼센트 이상이 식수로 사용하기에는 부적합하다고 합니다. 이러한 어려움을 극복하고자 팔레스타인 사람들은 원래 영토를 되찾으려 했고, 이스라엘도 팔레스타인의 저항을 억누르면서 두 나라는 끊임없이 전쟁을 이어간 것입니다.

가장 최근인 2021년 5월 10일 팔레스타인 하마스가 이스라엘에 미사일 공격을 시도했는데요. 예루살렘은 이스라엘의 수도라는 정치적 이유뿐만 아니라 종교적 성지이기 때문에 전 세계적으로 큰 충격을 받았습니다. 도대체 팔레스타인 하마스는 왜 미사일로 예루살렘을 공격했을까요? 이슬람에는 '라마단'이라고 하는 종교적으로 신성한 기간이 있습니다. 이슬람력으로 9월에 한 달

전쟁과 평화를 반복하는 이스라엘과 팔레스타인

정도 해가 떠서 질 때까지 금식함으로써 종교적 가치를 되돌아보고 가난한 이웃을 이해하는 전통입니다. 단, 라마단 기간 중 해가 완전히 저문 밤에는 음식을 먹어도 괜찮습니다. 2021년 4월 13일부터 5월 12일까지가 라마단 기간이었는데요. 이때도 팔레스타인 사람들이 해가 진 저녁에 집 밖으로 나왔습니다. 하지만 이스라엘이 예루살렘 구시가지로 들어가는 다마스커스 문에 바리게이트를 치고 출입을 통제했죠. 그러자 팔레스타인 사람들은 통제에 맞서 시위했고 이스라엘 경찰은 무력으로 시위대를 해산시켰습니다. 이 과정에서 100명 정도의 팔레스타인 사람들이 다치게 되었는데, 팔레스타인 하마스는 이 갈등을 계기로 미사일 공격을 했고 이스라엘의 아이언 돔이 작동하게 되었습니다.

오랜 갈등을 겪은 이스라엘과 팔레스타인은 2008년 가자 전쟁 이후 '상대방의 멸망' 외에는 해결책이 없다는 입장을 고수하고 있습니다. 과연 중동의 평화를 위해 이스라엘과 팔레스타인 중 한 나라가 없어져야만 할까요? 문제는 이러한 갈등과 전쟁이 지속될수록 민간인들의 피해가 증가하고 있다는 것입니다. 이스라엘과 팔레스타인 분쟁이 고조되던 2000년 10월의 어느 날이었습니다. 가자 지구로 강제 이주된 팔레스타인 사람 자말은 아들 아둘라와 함께 중고차 시장에 구경을 갔습니다. 시장으로 가던 중 팔레스타인 해방을 외치는 시위대와 이를 진압하는 이스라엘군을 만나게 되었습니다. 자말은 황급히 구석으로 피해 소리쳤습니다.

"쏘지 마! 어린애야!"

하지만 안타깝게도 아버지 품에서 12살 아들은 차갑게 식어갔습니다. 두 나라 사이에 전쟁과 갈등이 심해질수록 아둘라 같은 어린 친구들은 우리나라에서 들을 수 있는 훈련용 사이렌이 아닌, 실제 미사일이 날아오고 있다는 경고용 사이렌을 들으며 죽음과 생존의 갈림길 위에서 살고 있습니다. 언제쯤 '평화로운 마을' 예루살렘에 진짜 평화가 찾아올까요?

5

미국도 점령에 실패한
아프가니스탄

　2021년 8월 충격적인 장면이 뉴스에 중계되었습니다. 이륙하는 비행기에 매달렸던 두 사람이 떨어지는 장면이었죠. 그들은 왜 목숨을 걸고 비행기에 매달렸을까요? 아프가니스탄에서 미군이 철수하고 이슬람 극단주의 세력 탈레반이 점령했기 때문입니다. 그래서 탈레반을 피해 수많은 사람이 아프가니스탄을 떠나려 했고, 유일한 탈출구인 카불공항은 사람들이 몰려와 아비규환이 되었습니다. 탈레반이 어떤 단체이기에 아프가니스탄 사람들은 고향을 버리고 목숨을 건 탈출을 감행했을까요? 또 미국은 왜 아프가니스탄에서 철수하게 된 것일까요? 더불어 세계는 왜 탈레반의 여성 인권 문제를 우려하고 있을까요? 2021년 여름 세계에서 가장 뜨거운 이슈였던 아프가니스탄에 대해 알아봅시다.

신이 '툭' 던진 땅

아주 먼 옛날 신이 세상을 창조하고 남은 땅이 있어 그냥 '툭' 던 졌는데 그곳이 바로 아프가니스탄이라는 이야기가 전해지고 있습 니다. 이러한 이야기가 나온 이유는 한반도보다 세 배가 더 큰 아 프가니스탄이 75퍼센트가 산악 지형으로 이루어져 있기 때문이 죠. 우리나라도 산지가 70퍼센트에 가깝지만 아프가니스탄과 비 교할 수 없습니다. 아프가니스탄은 세계의 지붕 파미르고원과 이 어지고, 해발고도 5,000~7,000미터에 이르는 힌두쿠시산맥이 나 라의 중앙을 가르는 매우 험준한 지형이기 때문입니다. 한반도에 서 가장 높은 산인 백두산의 해발고도가 2,744미터라는 사실을 고 려하면 아프가니스탄이 얼마나 험한 산지인지 알 수 있죠.

아프가니스탄은 지금까지 수많은 정복자의 침입을 받았습니다. 하지만 지형이 험난해 정복자들은 큰 어려움을 겪었습니다. 고대 로마의 철학자 플루타르코스는 아프가니스탄을 점령하러 간 알 렉산드로스가 이곳은 머리가 여섯 달린 히드라 같다고 말했다고 합니다. 히드라는 머리가 잘리면 다시 머리가 자라는 것처럼 아프 가니스탄의 부족은 험한 지형에서 끊임없이 알렉산드로스의 군 대를 괴롭혔습니다.

알렉산드로스뿐만 아니라 역사상 수많은 나라가, 그리고 근현 대에도 영국과 소련, 미국까지 이곳을 점령하려 했습니다. 그 이 유는 첫째, 세계 교통의 요지이기 때문입니다. 오른쪽으로는 아시

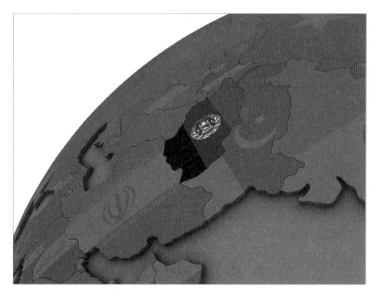

2021년 세계의 이목이 집중된 아프가니스탄

아, 남쪽으로는 인도, 서쪽으로는 유럽, 북쪽으로는 중앙아시아와 러시아가 연결되는 매우 중요한 지역입니다.

둘째, 풍부한 자원을 가지고 있습니다. 미국지질조사국(USGS)과 아프간지질연구소(AGS)의 공동 조사 결과에 따르면, 아프가니스탄 북부 지역에 상당량의 석유와 천연가스가 매장되어 있다고 합니다. 반도체의 원료인 희토류와 핵에너지의 원료인 우라늄까지 매장되어 있는 것으로 알려져 있습니다. 그래서 현대에 와서 아프가니스탄의 중요성이 더 강조되고 있죠. 마지막으로 아프가니스탄은 각종 마약의 원료인 양귀비의 최대 생산국입니다. 공식적으로는 양귀비 재배가 불법이지만, 비공식적으로 양귀비를 팔아 재정을 확보하고 있기 때문에 주변국들은 늘 마약 유통에 대한 긴장을 놓지 못합니다.

아프가니스탄은 다양한 민족과 부족이 섞여 있는 독특한 국가로 국가의 가사를 통해서도 알 수 있습니다.

> 이 땅은 아프가니스탄! 이 영예는 모든 아프간인의 것이다.
> 우리의 조국, 평화의 땅. 모든 자손들이 영웅이다.
> 이 나라는 우리 모두의 고향이다. 발루치족과 우즈베크족, 파슈툰족과 하자라족, 투르크멘족, 그리고 타지크족. 그들과 함께 아랍인과 구르자르족, 파미르족과 누리스탄족, 브라후이족과 키질바시족, 아이마크족, 그리고 파샤이족 …
>
> - 아프가니스탄 국가 가사 중

아프가니스탄은 험난한 지형 탓에 여러 부족으로 나뉠 수밖에 없었습니다. 이 중 네 개의 부족이 주도권을 잡으며 아프가니스탄은 발전했는데요. 전체 인구의 42퍼센트 정도를 차지하는 파슈툰족은 아프가니스탄 동남쪽 지역에 거주하고 있습니다. 힌두쿠시 산맥에는 하자르족이 거주하고 있는데, 이들은 과거 몽골족의 후손으로 한국인과 외모가 비슷합니다. 북쪽에는 두 부족이 동맹을 맺고 남쪽의 파슈툰족을 견제하고 있는데요. 타지크족과 우즈베크족입니다. 이처럼 아프가니스탄은 여러 민족이 섞여 있어 갈등과 혼란이 늘 내재되어 있습니다.

교사와 학생들이 함께 만든 '탈레반'

이슬람 극단주의 세력인 탈레반이 아프가니스탄을 점령하자 전 세계는 우려의 목소리를 냈습니다. 그동안 탈레반에 대항한 사람들을 죽이고 여성 인권이 유린될 것이라 보고 있죠. 그런데 '탈레반'은 파슈토어(語)로 학생을 뜻한다는 사실을 알고 있나요? 탈레반은 교사였던 무함마드 오마르와 그의 학생들이 모여 만든 조직이었습니다. 도대체 학생들로 구성된 탈레반이 왜 오늘날 전 세계가 걱정하고 두려워하는 대상이 된 걸까요? 그 이유를 찾으려면 19세기 제국주의 시절로 거슬러 올라가야 합니다.

산업혁명 이후 유럽 국가들은 싼값으로 원료를 공급하고 생산한 상품을 판매할 시장이 필요하자 약소국가들을 점령해 식민지로 삼는 제국주의 정책을 펼쳤습니다. 이때 영국은 인도를 거점으로 점차 북쪽 중동 지역까지 영토를 확장하려 했습니다. 그런데 중동 지역을 두고 영국의 라이벌 국가가 등장합니다. 바로 북쪽에서 얼지 않는 항구를 찾아 남하 정책을 펼치던 러시아였죠. '그레이트 게임'이라 불리는 두 제국주의 국가의 갈등은 아프가니스탄을 두고 중동 지역에 대한 영향력을 다투는 싸움이 되었습니다.

영국은 러시아와의 충돌을 막기 위해 아프가니스탄 국경을 인

이슬람 무장 세력

위적으로 그어버렸습니다. 우선 아프가니스탄의 영토에 와칸 회랑이라는 긴 지역을 국경으로 삼아 북쪽의 러시아와 남쪽의 영국의 완충지대 역할을 하도록 했습니다. 문제는 이 지역이 오늘날 중국의 국경과도 맞닿아 있어 아프가니스탄 문제에 중국도 영향을 받게 되었다는 것이죠.

그다음으로 아프가니스탄 영토에 '듀랜드 라인'을 설정했는데요. 아프가니스탄의 영토 중 일부를 영국의 식민지인 파키스탄으로 편입시킨다는 내용이었습니다. 여기에는 두 가지 목적이 있었습니다. 영국의 식민지 영토를 확장하는 것과 아프가니스탄에서 가장 힘이 강한 파슈툰족 영역에 국경을 그어 세력을 약화시키는 것이었죠. 그런데 '듀랜드 라인'으로 인해 아프가니스탄에 살던 파슈툰족이 지금은 오히려 파키스탄에 더 많이 거주하고 있습니다. 이후 1947년 영국의 지배에서 파키스탄이 독립했을 때, 아프가니스탄은 '듀랜드 라인'을 수정해 파슈툰족이 사는 지역을 편입시키고자 했습니다. 하지만 파키스탄은 이를 거절해 국교 단절이라는 갈등이 생겼고, 오늘날까지 테러의 배경이 되고 있습니다.

20세기 들어서 영국의 영향력에서 벗어난 아프가니스탄 왕국에서는 개방과 개혁 정책을 실시하고 소련의 지원을 받으면서 공산주의 세력이 성장했습니다. 공산주의 세력은 점차 확장되어 1978년에는 쿠데타를 일으켜 공산주의 정부를 수립합니다. 하지만 종교를 인정하지 않는 공산주의는 이슬람 원리주의자들과 공존할 수 없었죠. 결국 아프가니스탄은 이슬람 세력들이 시위와 폭동을 일으키며 큰 혼란에 빠지고 소련은 혼란을 수습하고 공산주의 영향력을 강화하기 위해 아프가니스탄을 침공했습니다.

소련의 침입에 맞서 이슬람 세력은 '성전에서 싸우는 전사'를 뜻하는 '무자헤딘'을 결성해 게릴라 전술로 맞서 싸웠습니다. 이때 미국은 소련의 영향력을 약화시키고자 파키스탄에 무기와 기술을 제공했는데요. 파키스탄은 이 무기와 기술을 아프가니스탄과 파키스탄에 있는 파슈툰족에게 공급해 소련의 남하를 막으려 했습니다. 이때 파슈툰족 중에서도 전쟁에서 큰 활약을 펼친 길자이족에게 지원이 집중되었습니다. 미국의 지원을 바탕으로 마침내 '무자헤딘'은 소련을 물리칠 수 있었죠.

소련이 빠져나간 아프가니스탄은 전쟁을 이끈 군벌 세력들이 서로 주도권을 차지하느라 내전이 이어졌습니다. 그 결과 아프가니스탄은 군벌들의 온갖 부패로 혼란과 무질서에 빠지게 되었고, 이때 탈레반이 등장합니다. 아프가니스탄 칸다하르 지역에 이슬람 교리를 공부하는 학교에서 무함마드 오마르가 학생들을 가르치고 있었습니다. 그러던 어느 날 이 지역의 군벌이 소녀 두 명을 납치해 강간하는 사건이 벌어졌습니다. 그러자 분개한 마을 사람들은 오마르를 찾아와 이 사실을 알렸고, 오마르는 제자들을 데리고 군벌을 공격해 소녀들의 원수를 갚았죠. 이 사건이 알려지면서 탈레반의 명성이 널리 퍼지게 되었습니다. 점차 영향력을 확대하던 탈레반은 1996년 아프가니스탄의 수도 카불을 점령해 정권을 차지했는데요. 이는 부패를 일삼는 정부보다는 탈레반 세력이 낫다는 국민들의 정서가 뒷받침되어 가능한 일이었습니다.

아이러니하게도 탈레반은 파슈튠족 가운데 길자이족이 핵심을 이루고 있죠. 과거 소련과의 전쟁에서 미국의 지원으로 성장한 세력이 바로 탈레반이었습니다. 2001년 미국과 아프가니스탄 전쟁에서 미군을 가장 괴롭힌 세력이 탈레반이었다는 사실을 생각하면, 그 누구도 역사가 이렇게 전개되리라고는 예상하지 못했을 겁니다. 그런데 미국의 지원을 받아 성장한 탈레반은 어쩌다가 미국과 싸우게 된 것일까요?

9·11 테러와 넵튠 스피어 작전

2001년 9월 11일 화요일, 전 세계에 큰 충격을 안겨준 9·11테러 사건이 벌어집니다. 이슬람 근본주의 세력인 오사마 빈 라덴과 그가 이끄는 무장 조직 알카에다가 항공기 네 대를 납치했죠. 이 중 두 대는 뉴욕 세계 무역 센터를 충돌했고, 한 대는 미국 국방부 청사인 펜타곤에 충돌했습니다. 마지막 한 대는 국회의사당과 백악관이 있는 워싱턴으로 향하던 중 광산에 추락했죠.

이후 미국은 "우리와 함께하거나, 아니면 우리에게 맞서거나"라고 말하며 테러와의 전쟁을 선포했고, 오사마 빈 라덴과 그가 이끄는 알카에다를 섬멸할 것을 다짐합니다.

미국이 전쟁을 선포하자 수많은 나라가 미국의 편에 서서 테러와의 전쟁을 지지했습니다. 심지어 평소 미국과 갈등을 유지한 북한조차도 이 시기에는 애도를 표하며, 테러와 북한은 관계가 없다고 주장했습니다. 미국은 테러의 주범인 오사마 빈 라덴과 알카에다가 같은 이슬람 극단주의 세력인 아프가니스탄 탈레반 정권의 보호 아래 있다는 사실을 알게 되었습니다. 그래서 탈레반 정권에 빈 라덴과 알카에다 조직원들을 미국에 넘기라고 요구했습니다.

하지만 탈레반 정권은 이를 거부했는데요. 소련을 물리친 역사적 자신감과 같은 이슬람 국가인 파키스탄이 미국이 넘어올 수 있

9·11테러가 일어난 뉴욕 세계 무역 센터

도록 항공로를 제공하지 않을 것이라 생각했죠. 하지만 미국의 힘을 잘못 판단한 결정이었습니다. 미국은 요구가 거절되자 곧바로 아프가니스탄을 침공할 준비를 했고, 탈레반 정권에 반대하는 북부 동맹 세력인 타지크족과 우즈베크족에 무기 등을 지원해 내부 분열을 일으켰습니다. 파키스탄에는 "좋은 말 할 때 길을 내주지 않으면 탈레반과 같이 석기시대로 만들어버리겠다"라고 하자 바로 영공 사용권을 확보했습니다. 이 밖에 아프가니스탄 주변국들을 미국 편으로 만듦으로써 사방에서 압박을 가합니다.

2001년 10월, 미국이 아프가니스탄을 폭격하며 전쟁이 시작되었습니다. 미군과 반(反) 탈레반 세력인 북부 동맹의 공격으로 탈레반 비상군은 순식간에 격멸되고, 11월 13일 수도 카불이 북부 동맹에 함락되었죠. 이후 11월 19일 탈레반 정권은 무조건 항복 의사를 밝혔고, 12월 14일 미국은 승리를 선언했습니다. 그리고 본래 목적인 오사마 빈 라덴을 찾았는데요. 오사마 빈 라덴은 도주했고, 미국은 10년 동안 그의 행방을 찾았습니다.

2011년 5월 11일 새벽 1시, 미국은 오사마 빈 라덴이 파키스탄에 숨어 있다는 첩보로 위치를 파악하고 미군 특수부대 25명이 그를 체포하기 위해 출동했습니다. 이때 오사마 빈 라덴을 사살한 작전명이 '넵튠 스피어'였습니다. 넵튠은 그리스 신화에 나오는 바다의 신 포세이돈의 영어식 표현인데요. 이는 미 해군 특수부대인 네이비 실(Navy SEAL)이 포세이돈의 창과 같이 빈 라덴을 처벌하겠다는 의미를 담고 있죠. 그렇게 미 특수부대는 빈 라덴을 사살해 9·11테러의 복수에 성공했습니다.

이후 미국은 아프가니스탄에 이슬람 극단주의 세력인 탈레반이 집권해 테러 단체의 울타리가 되는 것을 막기 위해 새로운 정부를 지원하고, 탈레반 세력을 견제했습니다.

그런데 미국이 아프가니스탄은 점령한 지 20년 만에 철수를 결정했고, 철수하자마자 다시 탈레반이 집권하게 되었습니다. 과연 그 이유가 무엇일까요?

대화의 수준을 끌어올리는 ; 똑똑이 아이템

9·11 테러는 왜 일어났을까?

21세기가 시작된 2001년 9월 11일 세계사의 흐름을 바꾼 거대한 사건이 일어납니다. 이슬람 과격 테러 단체인 알카에다가 민항 여객기 네 대를 납치해 미국을 공격한 9·11테러입니다. 뉴욕 세계 무역 센터에 항공기 두 대가 충돌하는 장면은 전 세계에 충격을 주었는데요. 9·11 테러는 도대체 왜 일어난 것일까요? 그 이유를 알려면 20세기 최첨단 전쟁이라 평가된 1990년 8월 2일부터 1991년 2월 28일까지 일어난 걸프전쟁으로 거슬러 올라가야 합니다.

사우디아라비아와 이란 사이에 바다가 있는데요. 이 바다를 이란에서는 자신들의 옛 왕조의 이름을 따서 '페르시아만'이라 부르고, 아랍인들은 자신들의 역사에서 유래된 '아라비아만'이라 부르고 있습니다. 그래서 다른 나라들은 중립적인 표현으로 '걸프만'이라 부르는데요. 걸프만에 위치한 이라크와 상대적으로 약소국인 쿠웨이트 사이에 전쟁이 일어났습니다.

전쟁의 배경은 이렇습니다. 이라크가 이란과의 전쟁으로 쿠웨이트에 많은 빚을 지게 되었습니다. 그런데 쿠웨이트가 빚을 탕감해주지 않아 이라크는 곤란한 상황에 빠졌죠. 경제적으로 위기인 이라크는 원유 판매가 유일한 대책이었습니다. 하지만 쿠웨이트가 많은 원유를 수출하자 유가는 오르지 않았습니다. 이에 이라크의 사담 후세인은 쿠웨이트가 원유 수출을 많이 하는 바람에 유가가 오르지 못한 점, 쿠웨이트가 이라크의 라마일라 유전에서 기름을 훔친 점을 빌미로 공격을 감행했습니다. 쿠웨이트 왕가는 황급히 사우디아라비아로 망명했고, 이라크는 영토와 자원을 확보할 수 있었죠.

쿠웨이트가 사우디를 통해 미국에 도움을 요청하자, 미국은 유엔에 걸프 문제를 함께 논의하고 이라크에 대한 무력 사용을 승인합니다. 왜 미국은 걸프 문제에 적극적인 태도를 보인 것일까요? 소련이 붕괴된 세계 질서에서 미국이 제일의 강대국이라는 존재감을 드러내려는 것이었죠. 또한 쿠웨이트를 점령한 이라크가 전 세계 석유 매장량의 20퍼센트 정도를 차지하고 있어 미국의 안정적 자원 수급이 어려울 것이라 판단했기 때문입니다. 그래서 유엔을 움직여 쿠웨이트에 도움을 준다는 명목으로 다국적군이 이라크와 전쟁을 벌이게 되었는데, 이를 '걸프전쟁'이라 합니다.

유엔의 결정에 따라 34개국에서 70만 명의 병력이 동원되면서, 다국적군이 이라크와 전쟁을 벌이게 되었습니다. 다국적군의 목표는 쿠웨이트의 영토를 회복하고, 이라크의 지도자 후세인의 항복을 받아내는 것이었죠. 걸프전쟁은 냉전 이후 가장 많은 병력이 투입된 전쟁이자, 인류 역사상 최초로 전쟁 과정이 미디어에 실시간으로 중계된 전쟁이었습니다. 전 세계에 중계되는 전쟁의 주인공은 미국이었습니다. 미국은 냉전이 완화되는 '데탕트' 이후에도 최첨단 무기 개발에 엄청난 국방비를 사용했는데요. 당시 미국 시민들은 과도한 국방비를 쓰는 것이 아니냐며 불만을 드러냈습니다. 하지만 걸프전쟁에서 실시간으로 중계된 미군의 최첨단 무기의 위력은 그동안의 걱정과 반발을 누그러트리고 전 세계에 미국의 우월한 존재감을 과시했습니다.

미군의 최첨단 무기에 크나큰 희생을 당한 이라크는 결국 두 손을 들었습니다. 쿠웨이트는 다시 영토를 회복하고 걸프만에는 평화가 찾아오게 되었죠. 하지만 이 과정에서 다국적군의 편에 섰던 사우디아라비아에 대규모의 미군이 주둔하는 것을 비판한 사람이 있었으니, 바로 이슬람 극단주의자인 오사마 빈 라덴입니다. 빈 라덴은 이슬람과 아랍의 성지에 미군이 주둔하는 것을 보고 매우 분노했고, 알카에다라는 테러 단체를 조직해 미국을 공격했습니다. 그러자 사우디아라비아 정부는 빈 라덴을 국외로 쫓아냈는데, 그렇게 그는 아프가니스탄에 숨게 된 것이죠. 그리고 2001년 미국을 공격하기 위해 9·11테러를 일으킨 것입니다.

다시 돌아온 탈레반과 아프가니스탄의 내일은?

2021년 미국 조 바이든 행정부는 5월 1일부터 아프가니스탄에서 미군을 철수하겠다고 발표했습니다. 미국은 왜 이러한 결정을 내린 걸까요? 사실 미군의 철수는 오래전부터 논의되어왔습니다. 전쟁 희생자가 증가하고 막대한 비용이 계속 지출되었기 때문입니다. 미군이 철수를 약속한 2021년 4월까지 아프가니스탄에서는 미군 2,448명과 미군 직원 3,846명이 사망했습니다. 엄청난 미군의 희생이 계속된 것이죠. 또한 아프가니스탄 전쟁과 이후 재건을 위해 우리나라 돈으로 약 2,345조 원이라는 어마어마한 비용이 들어갔습니다.

미국이 이러한 희생을 감행한 것은 아프가니스탄에 우호적인 민주주의 국가를 수립하기 위해서였습니다. 하지만 아프가니스탄은 역사적으로 민주주의를 경험한 적이 없고, 여러 부족이 나뉘어 있어 빠르게 민주주의 국가가 수립되는 것이 불가능했습니다. 게다가 정권을 잡은 세력은 엄청난 부패와 비리를 일삼았고요. 아프가니스탄의 정부 관료들은 국민들에게 나눠줄 원조 자금과 물품을 횡령했고, 승진하기 위해 필수적으로 뇌물을 주고받았죠. 국민들은 부패와 비리를 저지른 정부에 반감을 가졌고, 오히려 옛날 탈레반 정권 시절을 그리워했습니다. 이것이 미군이 철수하자마자 탈레반이 정권을 빠르게 잡게 된 배경이었습니다.

탈레반의 빠른 재집권의 배경에는 정부뿐만 아니라 군인과 경찰의 부정부패도 있습니다. 아프가니스탄의 군인과 경찰 간부는 부하들에게 나눠줘야 할 월급과 원조 물자를 빼돌려 자신들의 부를 축적해나갔습니다. 나라를 지켜야 할 군인과 경찰이 무기를 탈레반과 같은 무장 세력에게 팔았고, 심지어 탈영해 집으로 돌아가기도 했습니다. 한편 부족별로 언어와 문화가 너무 달라 부족 단위로 군부대가 편성되는 바람에 비상시 통솔하기도 어려웠습니다. 결국 미군이 철수하고 탈레반이 공격해왔을 때, 군인과 경찰은 싸우기보다 항복을 선택했고 아프가니스탄 민주주의 정부는 빠르게 무너져 내렸습니다. 나라를 지켜야 할 아슈라프 가니 대통령은 재빠르게 돈을 챙겨 비행기를 타고 도망가버렸습니다.

그렇다면 전 세계가 탈레반의 재집권을 걱정하는 이유는 무엇일까요? 첫 번째는 탈레반이 이슬람 근본주의를 주장하기 때문입니다. 탈레반은 신학교에서 시작되었는데요. 그만큼 이슬람 경전인《쿠란》의 내용을 그대로 지켜야 한다는 교리를 강조하고 있습니다. 그런데 이슬람교 창시자 무함마드가 기록한《쿠란》이 나온지 1,000년도 훨씬 더 지났기 때문에 오늘날과 맞지 않는 부분도 있습니다. 그중 가장 큰 문제는 여성 인권 문제입니다.《쿠란》에는 여자는 베일을 덮어 아름다움을 남에게 보이지 않도록 하라는 구절이 있는데요. 이를 문자 그대로 해석해 탈레반이 집권한 아프가니스탄에서 여성들은 눈만 드러낼 수 있는 부르카를 입어야만 합니다. 이처럼 사람들은 이슬람 원리주의를 고수하는 탈레반 정권 하에서 여성 인권이 유린될 것을 우려하고 있습니다.

두 번째 이유로는 마약의 원료인 양귀비를 들 수 있습니다. 아프가니스탄은 전 세계에서 양귀비가 가장 많이 생산되는 지역으로, 전 세계 아편의 80퍼센트 이상을 공급하고 있습니다. 양귀비를 이토록 많이 생산하는 이유는 탈레반 세력의 경제적 뒷받침이 되었기 때문입니다. 2001년 미군의 공격으로 정권에서 밀려난 탈레반은 아프가니스탄의 험한 산악 지대에 숨어 항전을 이어갔는데요. 이때 전쟁에 필요한 자금을 마련하기 위해 양귀비를 재배했습니다. 미군이 철수한 지금 아프가니스탄의 치안에 공백이 생겨

크게 혼란한 틈을 타 양귀비가 전 세계로 퍼져 나갈까 봐 사람들은 우려하고 있습니다.

마지막 이유는 아프가니스탄의 내전과 혼란입니다. 아프가니스탄은 여러 민족이 모여 세운 나라입니다. 그래서 미군이 점령한 20년 동안 미군에 우호적인 민족과 탈레반을 따르는 민족으로 나뉘었는데요. 현재 탈레반 세력은 자신들의 정권 장악에 반발하는 북부 동맹에 소속된 부족을 무력으로 제압하고 있습니다. 무력은 단기간에 반대 세력을 억누를 수 있지만 장기간 평화를 위한 좋은 방법은 아닙니다. 하지만 이슬람 극단주의 세력인 탈레반은 북부 동맹과 평화적인 논의가 어려운 상황이므로 장기적인 내전과 혼란이 예상됩니다. 두 세력의 갈등은 수많은 난민 문제를 야기할 것이고, 주변 국가들도 난민 문제로 어려움을 겪게 될 것입니다.

과연 탈레반이 재집권한 아프가니스탄의 내일은 어떻게 될까요? 아프가니스탄은 파키스탄, 이란, 투르크메니스탄, 우즈베키스탄, 타지키스탄, 중국과 국경을 마주하고 있어 주변국들뿐 아니라 전 세계가 이목을 집중하고 있는 상황입니다. 또한 탈레반 정권이 IS 같은 테러 단체들을 용인해 테러의 중심지가 될 것도 우려하고 있죠. 탈레반은 기자회견에서 이러한 일은 없을 것이라며 세계의 도움을 요청하고 있지만, 우리는 격변하는 아프가니스탄의 상황을 좀 더 지켜봐야 할 것 같습니다.

6
세계 유일의 분단국가

우리나라에 방문한 외국인들이 가장 많이 찾는 관광지는 어디일
까요? 명동? 전주 한옥 마을? 최근에 한 설문 조사 기관에서 외국
관광객을 대상으로 방문한 장소를 물어본 결과 1위는 DMZ였습니
다. DMZ는 Demilitarized Zone의 약자로 군사력을 동원할 수 없
는 비무장지대를 가리킵니다. 현재 우리나라는 북한과 6·25 전쟁
이후 정전 중인 유일한 분단국가입니다. 정전이란 전쟁이 중지된
상태를 말합니다. 즉, 우리나라는 북한과 전쟁이 끝나지 않은 상태
입니다. 그래서 외국인들은 세계 어느 지역에서도 보기 힘든 DMZ
를 우리나라에 오면 꼭 방문하는 것이죠. 그래서 DMZ를 방문한 사
람의 80퍼센트 이상이 외국인이라고 합니다.

남북 정상이 남북을 오가기까지…

1945년 8월 15일 우리 민족은 일제강점기에서 벗어나 독립이라는 큰 기쁨을 맞이했지만, 1948년 8월 15일 남한에는 대한민국 정부가, 같은 해 9월 9일 북한에는 조선민주주의인민공화국이 수립되면서 분단이라는 큰 아픔을 겪게 됩니다. 1950년 6·25 전쟁이 일어나면서 같은 민족끼리 피 흘리며 싸우는 가슴 아픈 일이 벌어지고요. 이후 냉전이라는 대외적 요인과 남북에서 각각 정권 유지를 위해 분단 상태를 이용하는 대내적 요인 때문에 분단의 골은 더욱 깊어져만 갑니다.

그렇다면 언제부터 남과 북이 처음으로 대화를 나누게 되었을까요? 1972년 7월 4일 '7·4 남북공동성명'에서 6·25 전쟁 이후 최초로 통일을 논의했습니다. '7·4 남북공동성명'은 1970년대 전 세계의 자유주의 진영과 사회주의 진영 사이에 긴장 관계가 완화되는 '데탕트(프랑스어로 휴식이라는 의미)의 시대'가 도래하면서 체결하게 되었습니다. '데탕트'란 제2차 세계대전 이후 미국 중심의 자유주의 세력과 소련 중심의 사회주의 세력이 서로 정치·경제적으로 갈등이 깊어지는 '냉전'의 시대가 끝나고 긴장이 완화되는 국제 질서를 말합니다. 냉전 체제가 무너져가면서 남북한도 긴장이 완화되면서 자주·평화·민족 대단결을 통일의 원칙으로 합의합니다. 이후 1988년 서울 올림픽이 성공적으로 개최되면서 평화의 분위기가 조성되었고 1991년 12월 13일 남북한이 화해 및 불가침,

비무장지대 군사분계선 상에 있는 공동 경비 구역(JSA)

교류 협력 등에 관해 공동 합의한 '남북기본합의서'가 체결되었습니다. 이후 김대중·노무현 정부에서는 햇볕정책을 실시하고 남북정상회담을 개최하면서 평화의 물결이 흘러넘쳤습니다. 하지만 핵 개발과 연평도 포격, 천안함 사건 등 북한의 도발로 남북 관계는 다시 갈등이 깊어졌죠.

이렇듯 남과 북은 분단 이후 갈등과 평화의 사이를 오가며 여러 사건 사고가 발생하고, 시대에 따라 정책도 다양하게 바뀌었습니다. 그리고 이제 정전을 끝내고 평화의 시대를 열자는 '판문점 선언'까지 오게 되었습니다. 분단 이후 지금까지 남과 북은 평화통일이라는 목표를 이루기 위해 노력하고 있습니다.

1950년 6월 25일 새벽 4시

1950년 6월 25일 새벽 4시 북한의 기습 공격으로 6·25 전쟁이 시작되었습니다. 북한은 왜 남한을 침공했을까요? 먼저 한반도가 남과 북으로 분단된 이유부터 살펴보자면 제2차 세계대전으로 거슬러 올라가야 합니다. 전쟁이 끝나가는 1945년 2월 무렵 미국은 유럽 지역에서 독일에 대한 승기를 잡았지만, 태평양·아시아 지역에서는 일본을 상대하려면 소련의 도움이 필요했습니다. 그래서 얄타회담을 통해 소련이 일본과 전쟁할 것을 약속합니다. 이후 일본이 패망하자 미국과 소련은 한반도에 38도선을 기준으로 각각 남과 북에 군대를 주둔하기로 협의했죠. 그래서 우리나라는 광복이라는 기쁨을 누리는 것도 잠시, 남과 북으로 갈라져 미국과 소련의 영향력 아래 놓이게 됩니다.

1945년 12월 15일 모스크바에서는 전후 처리 문제를 논의하기 위해 미국, 영국, 소련의 외무장관이 모여 회의를 열었습니다. 회의 결과 한반도에 안정된 정부가 수립되기 위해 미·소공동위원회를 설치하고 미국, 소련, 영국, 중국이 최장 5년 동안 '신탁통치'를 실시하기로 합의합니다. 신탁통치란 안정적으로 정부가 수립되도록 다른 나라가 직간접적으로 통치하는 것을 말합니다. 일제로부터 이제 막 독립한 우리 민족은 또다시 다른 나라의 통치를 받아들이기 힘들었어요. 남과 북 모두 처음에는 신탁통치를 반대했지만, 북측은 정부 수립을 위해 필요하다고 판단해 찬성으로 입장을 바꾸었습니다. 이후 남과 북의 갈등은 더욱 심해졌고, 미·소 공동위원회도 의견 차이로 회담이 결렬되었습니다. 미국과 소련은 한반도 문제를 유엔에 넘겼고, 1947년 11월 14일 유엔은 남북 총선거를 실시하도록 했죠. 하지만 북측에서 거부하자, 남한에서만 총선거를 실시해 1948년 8월 15일 대한민국 정부가 수립되었습니다. 이후 북한에서는 조선민주주의인민공화국이 수립되었죠.

북한의 지도자 김일성은 평화통일은 불가능하므로 남한을 공격해야 한다고 주장하고, 소련에 수차례 남한을 공격할 수 있도록 허락과 지원을 요청합니다. 처음에 소련은 김일성의 요청이 무모하다고 판단해 거절하던 중 1949년 10월 1일 마오쩌둥이 중화인민공화국을 수립하자 전쟁이 일어나도 중국이 북한을 안정적으로 지원할 수 있게 되었죠. 1950년 1월 12일에는 미 국무 장관 애치슨이 극동 방어선에서 한반도를 제외하자 미국이 참전하지 않을 것이라 판단했습니다. 그래서 소련은 북한의 남침을 위한 지원을 약속하고 전쟁을 허락합니다. 1950년 6월 25일 새벽 4시, 소련의 지원을 받은 북한이 기습 공격을 감행합니다.

민족 분단에서 비롯된 전쟁은 3년 동안이나 지속되었고 결국 1953년 7월 27일 휴전협정으로 마무리되었습니다. 3년이라는 기나긴 전쟁을 치른 결과 한국군(경찰 포함) 63만 명, 유엔군 15만 명을 포함해 78만 명이 전사·전상·실종되었고, 북한군 80만 명, 중공군 123만 명이 죽거나 다쳐 군인 피해만 총 281만 명에 달합니다.

한민족이 남과 북으로 갈라져 싸운 6·25 전쟁

당시 전체 인구의 절반 정도인 1,000만 명 정도가 집을 잃거나 가
족을 잃었습니다. 이렇게 냉전과 이념의 차이로 일어난 6·25 전쟁
은 우리 민족 전체에 큰 상처를 남겼습니다. 이후 남북은 갈등과
평화의 선을 넘나들며 오늘날까지 분단과 휴전 상태를 유지해왔
습니다. 그럼 앞으로 남북은 어떻게 될까요? 과연 평화통일은 이
루어질 수 있을까요?

우리의 소원은 통일

'우리의 소원은 통일'이라는 노래 들어본 적 있나요? 왜 우리는 통일을 해야 하는 걸까요? 첫째, 통일을 하면 경제에 유익합니다. 소비와 투자 활동이 이루어지는 내수 시장으로만 발전하려면 인구가 1억 명 정도가 필요한데, 북한과 통일해 더욱 많은 인구수를 확보한다면 우리 자체적으로 경제 발전이 가능합니다.

둘째, 통일된 한반도에서는 대륙으로 원활하게 물자를 교류할 수 있습니다. 현재 대한민국은 영토가 분단되어 섬처럼 고립되어 있습니다. 하지만 통일이 되면 육로를 통해서 유럽까지 갈 수 있습니다. 그러면 경제적으로도 운송비를 크게 절감할 수 있고 좀 더 원활한 교류가 가능해집니다. 기차를 타고 유럽 여행을 가는 등 사회·문화적으로 다양한 혜택을 누릴 수 있습니다.

셋째, 북한에는 많은 지하자원이 있습니다. 한국광물자원공사가 2016년 추정한 자료에 따르면, 북한에는 금 2,000톤, 은 5,000톤, 마그네사이트 60톤 등 전체 42개 광종이 매장되어 있고 잠재적 추정 가치는 3,200조 원이라고 합니다. 2009년 북한의 주장에 따르면, 최근에 중요한 자원으로 인정받는 희토류도 4,800만 톤가량이 있다고 합니다. 희토류는 LCD·LED·스마트폰 등의 IT 산업, 카메라·컴퓨터 등의 전자제품, CRT·형광 램프 등의 형광체 및 광섬유에 필수적일 뿐 아니라 방사성 차폐 효과가 뛰어나 원자로 제어제로도 널리 사용되고 있습니다.

넷째, 분단의 피해자들을 위해 통일이 필요합니다. 6·25 전쟁으로 1,000만 명이나 되는 사람들이 집과 가족을 잃었다고 추정됩니다. 이처럼 전쟁으로 안타깝게 가족을 잃은 많은 이산가족이 휴전이 된 지 70년이 지난 지금까지 가족을 만나지 못하고 세상을 떠나고 있죠. 2020년 8월 기준 이산가족 상봉 신청자는 13만 명 이상 집계되고 있습니다. 이 중 가족을 만나지 못하고 세상을 떠나는 이산가족이 8만 명이라고 합니다. 이산가족 중 절반 이상이 가족을 다시 보지 못하고 떠난 것이죠. 게다가 6·25 전쟁 중 북한에 끌려간 국군 포로는 6만여 명이라고 합니다. 그 가운데 남으로 돌아온 사람은 81명으로 대다수의 국군 포로가 고향과 가족의 품으로 돌아오지 못하고 있습니다.

마지막으로 여러분과 미래 세대를 위해 통일이 필요합니다. 인류의 역사는 갈등과 평화를 반복하며 발전해왔습니다. 이 과정에서 많은 희생이 있었죠. 여러분도 갈등과 평화 중 평화를 선택할 것입니다. 남북 관계도 갈등을 해소하고 평화를 이루기 위해서는 통일이 필요하죠.

사실 이대로가 편해요

앞서 우리 민족의 소원인 통일은 다양한 이유로 필요하다고 언급했는데요. 아마 여러분도 학교나 미디어에서 통일을 해야 하는 이유를 들은 적이 있을 겁니다. 하지만 70년 가까이 분단이 유지되면서 통일보다는 지금 상태를 유지하자는 사람들이 늘어나고 있습니다. 실제로 설문 조사를 해봐도 이와 같은 결과가 나옵니다. 남과 북이 분단되어 사는 것이 크게 불편하지 않기 때문에 오히려 통일이라는 큰 변화가 초래할 혼란을 염려하는 것이죠.

통일에 부정적인 이유 중에는 경제적 측면도 있는데요. 우리와 비슷한 역사를 가진 독일도 제2차 세계대전 이후 동서로 분단되었죠. 1990년 10월 3일 베를린 장벽이 무너지면서 독일은 통일되었는데 오늘날까지 통일로 인한 후유증이 남아 있습니다. 당시 자유주의 국가인 서독이 사회주의 국가인 동독보다 경제적으로 우위에 있었기 때문에 서독이 경제적 부담이 많았습니다. 실제로 독일 베를린 자유 대학교의 발표에 따르면, 통일 당시 비용이 1조 5,000억 유로(한화로 1,800조 원)가 사용되었습니다. 매년 동독 지역의 경제 회복을 위해 1,000억 유로(한화로 약 135조) 이상이 필요하다고 하네요. 그리고 동·서 독일의 지역적 차이로 지역감정도 여전히 남아 있어 이를 완화하기 위해 많은 노력을 기울이고 있습니다. 이렇게 분단된 지 50년도 안 된 독일도 통일 후 많은 문제가 발생하고 있는데, 분단된 지 70년이 지난 남북한은 더 큰 경제적 비용이 필요하지 않을까요?

통일에 대한 다른 부정적인 이유로는 문화·사회적 측면이 있습니다. 만약 통일이 되어 북한 학생들과 함께 교실에 있다면 어떤 문제가 발생할까요? 남한과 북한이 억양도 다르고 쓰는 단어도 다르기 때문에 언어가 원활하게 통하지 않을 것입니다. 지금까지 배운 지식의 내용과 수준이 다르기 때문에 엄청난 교육의 변화도 일어날 것입니다. 가장 염려되는 부분은 북한에서는 통치자를 우상처럼 여겼기 때문에 사회나 역사를 바라보는 관점이 매우 다를 수 있어요. 이러한 차이는 갈등과 분쟁을 초래하기도 합니다.

정치적으로는 북한의 정치체제를 어떻게 통합할 것인지에 관한 문제도 있습니다. 북한은 공산주의 체제하에서 일당독재를 해 왔습니다. 북한의 주민들은 민주주의에 대한 인식도 부족하죠. 무엇보다 독재는 민주주의 체제에 반하기 때문에 통일 이후 북한의 정치 지도자와 군부 세력을 어떻게 대해야 할지가 아주 큰 과제입니다. 만약 통일 때문에 북한 지도층이 피해를 본다면 이 과정에서 전쟁까지 발발할 수도 있습니다.

통일에는 엄청난 노력이 필요합니다. 정치·경제·사회·문화적 통합이 이루어질 수 있도록 남북이 함께 힘쓰며 노력해야 합니다.

 토론거리_7

남북을 통일하면 우리는 엄청난 변화를 겪을 것입니다. 지금까지 통일의 긍정적인 측면과 부정적인 측면을 살펴본 여러분은 통일에 대해 어떻게 생각하나요?

대화의 수준을 끌어올리는 ; 똑똑이 아이템

세상에서 가장 위험한 장소 DMZ

미국 대통령 빌 클린턴은 1993년 7월에 한국 DMZ에 방문해 "이곳이 전 세계에서 가장 무서운 곳"이라고 했습니다. DMZ는 일반적으로 국가가 자국의 영토임에도 국제법상 병력 및 군사시설을 주둔시키지 않을 의무가 있는 특정 지역이나 구역입니다. 1953년 7월 27일 정전협정에 의해 휴전됨에 따라 생겨났습니다. 6·25 전쟁이 종전(終戰) 아닌 정전(停戰)으로 마무리되고 육상의 군사분계선인 MDL(Military Demarcation Line)을 중심으로 남북으로 각각 2킬로미터씩 양국의 군대를 후퇴시키기로 약속하면서 만든 지역입니다. 그래서 현재 전 세계에서 단위면적당 가장 많은 군사력이 배치된 장소이기도 하죠. 남북의 군인들은 분단 이후 DMZ를 두고 대치하고 있으며, 100만 발이 넘는 지뢰가 매설되어 있는 것으로 추정하고 있습니다. 이처럼 전쟁의 상징인 DMZ를 최근 평화의 상징으로 만들자는 움직임이 일어나고 있습니다.

분단의 상징에서 평화의 상징으로

현재 남북은 군사분계선(휴전선)을 중심으로 각각 2킬로미터씩을 DMZ로 설정했습니다. 동서의 길이는 서쪽으로 임진강 하구부터 동쪽으로 강원도 고성까지 총 248킬로미터입니다. 면적은 약 2억 7,000만 평으로 한반도 전체 면적의 약 1/250이라고 합니다. 작지 않은 땅이 DMZ로 설정되어 있는 것이죠. 6·25 전쟁이 일어나기 전에는 이곳에도 사람들이 살았는데요. 휴전협정이 맺어지면서 DMZ를 설정해 군대 주둔과 무기 배치를 금지했습니다.

DMZ는 분단 이후 남북의 갈등이 고조될 때마다 전쟁의 위협이 도사리는 장소였습니다. 실제로 1960~1970년대 남북 갈등이 최고조였던 시기에 '김신조 사건'이라 불리는 1·21 사태와 1976년 판문점 도끼 만행 사건 등이 발생했을 때 남북 군인이 DMZ를 가운데 두고 긴장감을 높였습니다.

그런데 1971년 6월 12일 군사정전위원회에서 DMZ를 평화적으로 이용하자는 제안이 처음으로 나왔습니다. 이후에는 DMZ를 평화의 상징으로 바꾸는 역사가 시작되었죠. 냉전의 갈등이 해소되는 데탕트 시기였던 1988년에 노태우 정권에서는 DMZ 내 '평화시'를 건설하자고 제안했습니다. 1991년 남북기본합의서에서는 DMZ의 평화적 이용에 관한 남북 최초의 합의를 맺었습니다. 1998년에는 DMZ를 넘어 육로로 금강산 관광이 진행되었고, 2000년 남북정상회담 이후에는 동해선과 경의선 철도와 도로를 연결하는 등 분단을 넘어 통일로 나아가기 시작했습니다. 2004년에는 개성 공단에서 첫 제품이 생산되어 남한에 건너오기도 했죠. 최근에는 DMZ를 평화의 상징으로 삼기 위해 문화제나 영화제 등 다양한 행사를 추진하고 있습니다.

DMZ는 반세기가 넘는 기간 동안 사람이 출입하지 않고 높은 산과 울창한 숲으로 이루어져 있어 한반도 전체 동식물의 38퍼센트가 살고 있고, 멸종 위기 종도 82종이나 있는 생태계의 보고입니다.

2장

평화를
위한 행동

1

세계화 시대
민주시민으로 성장하기

　일제강점기 3·1 운동을 주도했던 유관순 열사의 일화를 들으면 어떤 생각이 드나요? 10대의 나이에 일제의 탄압에 맞서 싸운 그녀의 숭고한 정신에 존경심이 생길 것입니다. 그런데 만약 오늘날 민주주의 시대에 유관순 열사가 학생이었다면 어떤 삶을 살았을까요? 여러분처럼 평범하게 학교를 오가며 민주 시민으로 살아가고 있지 않을까요? 반대로 여러분도 일제강점기였다면, 유관순 열사와 같은 용기를 가지고 독립운동을 했을 겁니다. 여러분도 유관순 열사와 같은 민주 시민이기 때문이죠. 그럼 최근 교통과 통신의 발달로 점차 공동체의 범위가 확대되고 있는 세계화 시대에 민주 시민으로 성장하려면 어떤 가치와 태도가 필요할까요?

세계화 시대 "나는 누구인가?"

2020 도쿄 올림픽이 끝날 무렵 우리나라 마라톤 국가대표 오주한 선수가 안타깝게도 컨디션 문제로 경기를 중단했습니다. 이 장면을 본 사람들은 조금 낯설었는데요. 오주한 선수는 케냐 출신으로 2018년에 우리나라에 귀화한 흑인이었기 때문이죠. 하지만 최근 한 통계자료에서 우리나라에 들어온 외국인은 250만여 명으로 전체 인구의 5퍼센트 가까이 된다고 합니다. 전체 인구 중 외국인 비율이 5퍼센트가 넘으면 다문화 국가로 보는데요. 이제 다문화 국가로 변화하는 우리나라에서 오주한 선수는 더 이상 낯선 모습이 아닐 수 있습니다.

다문화 국가로 변화하는 우리나라는 고민할 부분이 있습니다. 우리는 그동안 학교나 사회에서 단일민족의 정체성을 확립해왔습니다. 자아 정체성이란 나를 객관적으로 파악하고 내가 속한 시대와 사회 속에서 어떻게 살아야 할지 생각하는 것을 의미합니다. 단일민족인 한민족이라는 공동체에서 정체성을 형성하며 성장한 우리에게 다문화 국가는 낯선 변화일 것입니다.

만약 여러분이 다른 피부색을 가진 친구에게 "어디서 왔니?"라고 물었는데 "한국에서 태어난 한국인이야"라는 답변을 들으면 어떤 생각이 들까요? 아마 그동안 가져온 단일민족이라는 정체성에 혼란이 올 것입니다. 다문화 국가로 변화하는 상황에서 그동안 가졌던 정체성을 어떻게 해야 할지 고민할 시점이 된 것이죠.

우리는 전통적으로 단일민족의 정체성을 유지해왔습니다. 우리나라가 위기를 맞이할 때마다 단일민족의 정체성은 하나의 공동체를 이루는 큰 원동력이 되었습니다. 하지만 이제는 한민족으로서 정체성을 유지할 경우 차별의 기준이 될 수 있습니다. 한편 한민족이라는 정체성을 허물고 다양한 민족을 포용한다면 그동안 우리가 지켜온 정통과 가치가 무너질 수도 있습니다. 따라서 세계화 시대에 사는 청소년으로서 우리는 앞으로 어떤 가치와 정체성을 가질지 고민해야 합니다.

토론거리_8

'국민'은 한 국가 안에 사는 하나의 민족을 의미하고, '시민'은 한 지역에 사는 사람들을 뜻하는데요. 다문화 국가로 변해가는 우리나라는 앞으로 '국민'과 '시민' 중 어떤 표현을 사용해야 할까요?

나와 다른 종교를 가진 친구를 만난다면?

혹시 나와 다른 종교를 가지거나 종교에 대한 생각이 다른 친구와 갈등이 생긴 적은 없나요? 청소년 시기는 자신만의 가치관을 형성하는 중요하고 예민한 시기이므로 나와 다른 생각과 가치관을 가진 사람들과 갈등을 겪을 수 있는데요. 특히 종교는 가장 민감한 가치관이기 때문에 갈등의 주된 원인이 되기도 합니다.

종교관이 갈등을 일으키는 이유는 교리를 진리로 받아들이기 때문입니다. 세계 속 종교 분쟁을 봐도, 한 종교에서 진리로 여겨지는 것이 다른 종교에서는 수용하기 어려운 경우가 있습니다. 비슷한 이유로 나의 행동이 다른 종교관을 가진 친구에게는 상처가 될 수도 있는 것이죠. 이러한 갈등을 막고 함께 살아가려면 서로 이해하고 존중하는 태도가 필요합니다.

예전에 외국인들이 우리나라를 방문해 여행하는 어느 TV 프로그램에 인도인들이 등장했습니다. 인도인들은 식당에서 돼지고기와 생선을 주문했습니다. 그런데 그중 한 명이 이슬람 신자여서 돼지고기를 먹지 못하고 생선 요리가 나올 때까지 기다려야 했습니다. 기다리던 생선 요리가 나왔는데 다른 두 친구가 다급하게 식당 주인을 말렸습니다. 돼지고기를 굽던 집게로 생선을 구우려고 했기 때문이죠. 이슬람 교리에 따르면 돼지고기에 닿았던 식기류도 입에 대면 안 됩니다. 다른 종교관을 가진 친구지만 그 생각과 가치를 존중하고 이해하는 모습을 엿볼 수 있었습니다.

세계화 시대에 다양한 사람들과 함께 공동체를 이루려면 서로 존중하는 마음이 필요합니다. 또한 다른 종교와 문화를 이해하는 태도도 필요한데요. 우리나라에서는 의미 없는 행동이 다른 종교와 문화에서는 무례한 행동이 될 수도 있습니다. 예컨대, 우리나라에서는 머리를 쓰다듬는 행동이 친밀감의 표현이지만, 태국에서는 하늘을 향해 있는 머리는 신성하다고 여겨져 함부로 쓰다듬으면 안 됩니다. 이처럼 세계화 시대에는 서로 다른 문화를 이해하고 존중하는 태도를 길러 민주 시민으로 성장해야 합니다.

최후통첩게임에서 살아남는 방법은?

최후통첩게임을 알고 있나요? 1982년 독일 훔볼트대학교 경제학 교수 베르너 귀트 등이 고안한 이론인데요. 최후통첩게임에서는 참가자 A와 B가 돈을 나누어 갖습니다. 나누는 방법은 A가 돈을 얼마나 나눌지 B에게 제안하면, B는 A의 제안을 수락하거나 거절할 수 있습니다. 이때 B가 수락하면 A의 제안대로 돈을 나눠 갖고, B가 거절하면 A와 B는 둘 다 돈을 받을 수 없습니다. 만약 여러분이 A라면 B에게 몇 퍼센트의 돈을 나눌 것인가요? 반대로 B라면 몇 퍼센트까지 제안을 수락할 수 있나요?

실험 결과 50:50의 제안은 아무 문제 없이 수락한 반면, A가 B에게 20퍼센트 이하를 제안할 경우 대부분 거절해 둘 다 돈을 갖지 못하는 결과가 나왔다고 합니다. 사람에게는 자신의 이익뿐만 아니라 공정한 자원 배분을 추구하는 심리가 있기 때문입니다. 이 실험을 통해 세계에서 일어나는 자원 분쟁의 배경을 알 수 있습니다. 한정된 자원을 차지한 국가 또는 지역에서 다른 곳으로 자원을 분배하는 과정에서 공정성이 부족하면 이를 받아들이지 못하고 갈등이 일어나는 것이죠.

이러한 자원 갈등이 원활히 해결되지 못하면 최후통첩게임에서 참가자 모두 돈을 가질 수 없듯이 지구의 자원도 나누어 가질 수 없습니다. 자원이 고르게 분배되지 못하고 남용되거나 고갈되면 환경문제로 인해 인류가 살기 어려워질 수도 있습니다.

'지구의 허파'라고 불리는 브라질은 최근 무분별한 개발로 산림을 없애고 공장을 만들고 있는데요. 지구의 산소가 부족해지는 위기를 초래할 수 있어 전 세계가 브라질에 자원을 보호하길 권유하고 있습니다. 하지만 브라질은 입장이 다르죠. 이제 막 개발을 하려고 하는데 희생을 강요당한다고 생각해 갈등이 일어나고 있습니다. 여러분이라면 이러한 자원 갈등 문제를 어떻게 해결할 건가요?

평화롭게 자원 갈등 문제를 해결할 수 있는 가장 합리적인 방법은 '대화'입니다. 자원을 두고 갈등이 생긴 국가들은 분배 과정에서 불공정하다고 느낄 경우 끝을 볼 때까지 싸우는 치킨게임으로 이어질 수 있습니다. 이를 막으려면 한정된 자원을 두고 공정하게 분배할 수 있도록 대화하는 장이 필요합니다. 만약 여러분이 이러한 대화의 장에 참여한다면 원활한 의사소통을 위해 어떤 능력을 키워야 할지 생각해봅시다.

대화의 수준을 끌어올리는 ; 똑똑이 아이템

국가를 대표하는 외교관

외교관은 국가를 대표해 상대 국가와의 우호 협력을 증진하고 세계 각국의 정보를 수집하는 일을 하는 직업입니다. 세계화 시대 우리나라를 대표하는 사람으로서 매우 중요한 역할을 수행하고 있죠. 외교관들은 국가 간 분쟁이 발생했을 때, 국가를 대표해 의사소통을 하는데요. 이밖에도 해외에 있는 우리 국민이 문제가 생겼을 때 도움을 주는 일도 합니다.

외교관이 되려면 언어 능력 자격과 필기시험, 면접 등을 통과해야 하는데요. 이를 위해 사회 전반에 대한 폭넓은 지식과 다양한 외국어 능력이 필요합니다. 또한 국가를 대표해 의사소통하고 정보를 수집하기 때문에 냉철한 판단력과 예리한 관찰력뿐 아니라 국민을 사랑하고 나라에 봉사하는 마음을 가져야 합니다.

미래의 외교관을 꿈꾸는 친구들이라면 이러한 능력을 함양할 수 있도록 노력하고, 청소년이 활동할 수 있는 국제기구나 캠페인 활동에 도전해보는 건 어떨까요?

세계의 분쟁을 해결하는 국제사법재판소

살아가면서 분쟁이 일어나면 재판을 통해 잘잘못을 가려 문제를 해결해야 합니다. 그렇다면 국가 간에 분쟁이 일어날 경우에는 어떻게 해결할 수 있을까요? 바로 국제사법재판소에 도움을 요청할 수 있습니다. 국제사법재판소는 네덜란드 헤이그의 평화궁에 위치하고 있습니다. 1946년에 설립된 국제사법재판소는 세계 최고의 국제 법원으로 역할하고 있는데요. 재판소에서는 영어와 불어를 공식 언어로 사용하고 있죠. 유엔의 사법기관이므로 유엔에 가입된 국가들은 국제사법재판소를 인정하고 있으며, 이들 국가 간 분쟁이 일어날 경우 재판을 요청할 수 있습니다.

국제사법재판소는 국가 간 분쟁이 일어날 경우 이를 해결하는 역할과 국제사회에서 법적 자문과 조언을 제공하는 역할을 하고 있죠. 재판소는 15명의 재판관으로 구성되어 있는데, 재판관은 9년의 임기제로 재선이 가능하며 유엔 총회와 안전보장이사회에서 선거로 선출됩니다. 재판관의 국적은 모두 달라야 하죠.

재판이 진행되면 해당 국가는 서면과 구두변론을 통해 의견을 표출하고, 재판관은 판결을 내립니다. 이때 판결문은 관련 국가들의 합의로 영어나 불어를 선택하는데, 합의가 없을 경우에는 두 언어로 판결을 내리며, 법원은 하나의 언어로 판결문을 채택합니다. 판결이 끝나면 해당 국가는 판결을 이행해야 할 의무가 있습니다. 만약 의무를 다하지 않을 경우 안전보장이사회가 조치를 취할 수 있지만 아직까지 실제로 조치를 취한 사례는 없죠. 그래서 국제사법재판소의 판결에 강제성이 없다고 해석되기도 합니다.

국제분쟁을 해결하고 세계의 평화를 위해 운영되는 국제사법재판소는 국적과 관계없이 각 국가에서 덕망이 있는 인재를 추천받아 운영됩니다.

비난이 아닌 비판이 필요한 세상

요즘 인터넷 댓글을 보면 눈살이 찌푸려지는 경우가 많습니다. 댓글에 온갖 혐오와 비난이 난무하기 때문이죠. 댓글 갈등의 원인은 주로 정치적으로는 보수와 진보 문제, 사회적으로는 젠더 문제로 일어나고 있죠. 그런데 정치와 사회를 중심으로 양극에 있는 두 이념에 대한 논리적인 비판이 아니라 근거 없는 비난과 혐오가 문제가 되고 있습니다.

이념 갈등은 아주 오래전부터 있었습니다. 산업혁명 이후에는 자유주의와 사회주의·공산주의 대립으로 일어난 냉전이 전개되었고, 제국주의 이후 인종차별의 문제가 지속되고 있죠. 최근에는 사회가 다양해지면서 계층 간, 세대 간, 젠더 간 갈등이 일어나고 있습니다. 문제는 이러한 갈등이 잘못된 방식으로 폭발해 피해를 준다는 것입니다.

1923년 9월 1일 일본에서는 관동대지진이 일어나면서 12만 가구의 집이 무너지고 45만 가구가 불탔으며, 사망자와 행방불명자가 총 40만 명에 달하는 큰 피해가 발생했습니다. 일본 정부는 국민들의 혼란을 막고 조선인들에게 불만을 돌리기 위해 "조선인이 폭동을 일으킨다", "조선인이 방화했다", "우물에 조선인이 독을 넣었다"라고 하며 유언비어를 퍼뜨렸죠. 근거 없는 소문은 조선인에 대한 비난과 혐오를 불러왔고, 결국 일본인들은 조선인만 보면 학살을 자행하는 일이 발생했습니다.

관동대지진으로 인한 조선인 대학살 사건처럼 비난과 혐오로 상대방을 깎아내리고 피해를 주는 이념 갈등은 오늘날 세계 곳곳에서 일어나고 있습니다. 이 문제를 해결하려면 평행선을 달리는 갈등의 배경을 정확히 파악하고 옳고 그름을 판단하는 능력이 필요합니다. 상대방의 잘못을 들추어내고 맹목적으로 지적하는 일을 '비난'이라고 하는데요. 이는 문제의 원인을 파악하기보다 상대를 깎아내리기 때문에 화합하기가 어렵죠. 반면 '비판은' 잘못된 점을 논리적으로 분석하고 지적하기 때문에 발전을 위한 기반이 될 수 있어요. 그래서 세계화 시대 다양한 이념 갈등을 해결하려면 비난이 아닌 비판이 필요합니다.

 **토론거리_9**

최근 인터넷에서는 연예 기사나 스포츠 기사에 악플을 달 수 없도록 댓글 기능을 없애고 있는데요. 반면, 자유로운 소통을 막는다는 부작용도 있습니다. 댓글 기능을 없애는 것에 대해 여러분은 어떻게 생각하나요?

2
우리는 세계 평화 운동가

　여러분은 '학생인 우리가 세계 평화를 위해 뭘 할 수 있겠어?'라고 생각하나요? 2009년 이슬람주의인 탈레반의 세력이 강해지면서 파키스탄 지역도 영향을 받게 되었습니다. 탈레반은 교리에 따라 어린 소녀들이 교육받는 것을 금지하고 학교를 폐쇄했습니다. 이때 11살의 한 소녀는 이러한 삶을 언론에 알렸고, 영국의 BBC는 이것을 다큐멘터리로 제작했습니다. 이 어린 소녀의 이름은 말랄라 유사프자이입니다. 그녀가 학교를 가던 중 한 남자가 다가와 얼굴에 총을 쐈는데 기적적으로 살아남았습니다. 그녀는 억압에도 굴하지 않고 교육을 받지 못하는 어린 소녀들을 도와달라며 캠페인을 펼쳐 나갔고, 2014년 최연소로 노벨 평화상을 받았습니다. 학생인 그녀는 용기를 내어 글을 써서 전 세계에 여성의 인권 탄압을 알렸습니다. 그녀의 행동은 수많은 인물, 기업, 국가의 지지를 받아 여성 교육에 큰 힘이 되었습니다. 그녀는 당당하게 말합니다. "한 명의 아이, 한 명의 선생님, 한 권의 책이 세상을 바꿀 수 있다."

나의 작은 관심이 평화를 가져온다면?

길을 가다가 고장 난 신호등을 본 적 있나요? 버스 정류장에서 멍이 든 아이를 본 적 있나요? 그동안 무시하고 지나갔다면 한 번쯤 관심을 갖고 작은 행동을 실천해보는 건 어떨까요? 나의 작은 관심으로 누군가는 위험을 막고 편안한 일상을 얻을 수 있기 때문입니다. 아이가 멍이 들었다고 신고하면 아동 학대를 예방할 수도 있죠. 신고하는 방법도 어렵지 않습니다. 행정기관이나 수사기관에 신고하는 어플이 있어 간단하게 접수할 수 있죠.

이처럼 나의 작은 관심은 세상을 바꾸는 작은 걸음이 됩니다. 청소년이 평화로운 세상을 만들기 위해 할 수 있는 일은 많습니다. 방금 말한 불편 신고도 다른 사람들에게 큰 도움이 될 수 있고요. 이외에도 학교에서 안전한 생활을 위해 망가지거나 위험한 시설을 선생님께 알릴 수도 있고, 도움이 필요한 친구에게 관심을 주는 일도 큰 힘이 됩니다. 사회에서는 매년 '국가안전대진단'을 실시해 국민들의 신고를 통해 위험한 시설에서 사고가 발생하는 것을 사전에 예방하고 있습니다.

세계의 국제분쟁에 관심을 갖는 것도 세계화 시대에 민주 시민으로 성장하는 데 큰 도움이 됩니다. 최근에 미얀마 민주화 운동에 참여한 시위대는 군부의 탄압을 전 세계에 알리면서 미얀마를 기억해달라고 외치고 있습니다. 군부의 악행을 기억하고 있으면 훗날 역사적으로 이 사건이 평가될 때 증인이 될 수 있기 때문입니다. 공동체의 발전을 위해 민주 시민으로서 그동안 그냥 지나쳤던 무관심했던 일들에 관심을 가져보는 건 어떨까요?

세계인의 소통의 장(場), 인터넷

조선 시대에는 백성들이 불만이 있으면 벽보를 붙여 부당함을 고발하며 해결을 호소했습니다. 지금은 인터넷이라는 공간에서 누구나 자신의 생각을 공유하며 의사소통을 나눕니다. 블로그, SNS 등 인터넷의 공간은 세계에서 일어나는 모든 일을 기록하고 공유할 수 있습니다. 이런 인터넷 공간에서 우리가 평화로운 하루를 위해 할 수 있는 일들은 무엇이 있을까요?

학교에서 봉사활동 프로그램으로 '선플 달기' 운동을 해본 적 있나요? '선플 달기' 운동은 2007년 초 한 여자 가수가 악플에 시달리다가 자살하게 된 사건을 계기로 시작되었는데요. 이 사건을 본 교수가 학생들에게 악플로 고통받는 연예인들의 개인 홈페이지, 블로그 등을 방문해 악플을 단 사람에게 악플을 달지 말아야 할 이유를 알려주고, 고통받는 사람에게는 격려와 용기의 선플을 다는 과제를 냈다고 합니다. 인터넷 공간에서 익명을 이용해 악플은 작성하는 것은 단 몇 초지만, 악플을 받은 사람은 평생 고통에 시달릴 수 있습니다. 이러한 악플의 피해를 막고 따뜻한 인터넷 문화를 만들어가는 '선플 달기' 운동은 더욱 확대되고 있습니다.

SNS를 통해 세계인들은 활발하게 의사소통을 하고 있는데, 이곳에서 우리는 외교관 역할도 할 수 있습니다. 예를 들어, 중국에서 한복을 자신들의 전통 의상이라고 주장한 것에 대해 우리나라의 많은 청소년이 SNS에서 반박하는 글을 작성한 일이 있었죠. 물론 전 세계 사람들이 볼 수 있고 기록이 남는 만큼 SNS를 작성할 때는 정직하고 신중한 태도가 필요합니다.

이밖에도 인터넷 공간에서는 청소년들이 활동할 수 있는 국제 캠페인이나 국제 포럼도 있습니다. 각국의 청소년들이 세계 평화를 위해 의견을 제시하고 정보를 공유할 수 있습니다. 인터넷을 통해 우리나라를 대표하는 외교관 역할을 하면서 민주 시민으로 성장해보는 것은 어떨까요?

세계 평화를 위해 행동하는 우리

갑자기 "여러분 세계 평화를 위해 행동합시다!"라고 하면 좀 당황스럽죠? 물론 지금까지 세계의 분쟁과 해결의 역사를 함께 살펴본 여러분은 평화를 위해 행동할 것이라 믿습니다. 그동안 몰랐던 사실을 새롭게 알게 되었으니까요. 지식이 쌓이면 관점이 변하고 옳고 그름을 판단할 수 있는 능력이 함양됩니다.

나도 모르게 사용한 다른 민족에 대한 차별과 혐오 표현이 있었다면 이제는 주의하길 바랍니다. 그만큼 세계 평화를 위해 성장하는 것입니다. 나와 다른 생각과 관점을 가진 친구를 존중하고 이해하려고 노력한다면 공동체를 위해 행동하는 것입니다. 세계라는 공동체에 속한 나는 어떠한 삶을 살지 정체성을 형성하고 공동체를 위해 행동을 바꿔간다면, 세계화 시대의 민주 시민으로 성장할 수 있을 것입니다.

우리는 세계 평화를 위해 또 어떤 활동을 할 수 있을까요? 앞서 소개한 말랄라 유사프자이처럼 청소년 기자 활동도 할 수 있습니다. 여러 단체에서는 청소년 기자를 모집해 기고 글을 받고 청소년의 시각에서 사회의 잘못된 점을 찾고 개선하고자 노력하고 있습니다. 꼭 언론이 아니더라도 SNS나 동영상 플랫폼에서 누구나 자신의 생각을 공유하고 소통할 수도 있죠.

제4차 산업혁명 시대에는 인재상이 바뀌고 있습니다. 기존에는 지식을 많이 가진 인재가 필요했다면, 이제는 그 지식을 활용하고, 여러 지식을 융합하며, 다양한 사람들과 원활히 소통할 수 있는 인재가 필요합니다. 그래서 학교에서도 학생들에게 단순히 지식 전달만 하는 것이 아니라 동아리나 각종 대외 활동 등 다양한 경험을 쌓도록 하고 있죠. 이러한 흐름에 따라 세계 평화와 공동체를 위한 청소년 캠페인과 프로그램도 마련되고 있습니다. 한번 용기를 내어 참여해보는 건 어떨까요?

3장

갈등과
분쟁의 역사

1
민족 갈등과 분쟁

　스페인 프리메라리가의 최대 라이벌인 레알마드리드와 FC바르셀로나의 경기인 '엘 클라시코'를 알고 있나요? 아마 축구를 잘 모르더라도 레알마드리드와 FC바르셀로나는 들어봤을 거예요. '엘 클라시코'는 스페인어로 '전통의 승부'를 의미합니다. 이 두 팀의 경기는 1902년에 첫 경기를 시작으로 20-21시즌까지 246전 레알마드리드 98승, 52무경기, FC바르셀로나 96승으로 막상막하의 결과를 보이고 있습니다. 두 팀의 경기를 '엘 클라시코'라 부르는 이유는 역사적으로 명문 팀 라이벌이기 때문만은 아닙니다. 레알마드리드는 스페인 카스티야에, FC바르셀로나는 카탈루냐에 위치해 있는데요. 두 지역은 스페인 안에 있지만 민족과 언어가 다릅니다. 그래서 두 팀의 경기는 민족 간 갈등을 상징하기도 합니다.

엘 클라시코, 축구 이상의 의미

스페인은 17개의 광역자치주와 2개의 광역자치시로 구성되어 있습니다. 스페인 중부는 카스티야라 불리다가 지금은 수도 마드리드를 중심으로 여러 자치주로 나뉘었습니다. 스페인 동북쪽 프랑스와의 경계 지역에는 바르셀로나를 중심으로 카탈루냐주가 자리 잡고 있습니다. 여러 주로 나뉜 이유는 스페인이 역사적으로 분쟁 지역이었기 때문입니다. 고대에는 로마와 카르타고의 전쟁 지역이었고, 중세에는 이슬람 세력과 프랑크 왕국의 국경 지역이었습니다. 오랜 혼란으로 하나의 강력한 국가로 성장하지 못하고 각 지역마다 민족이 다른 왕국들이 성장하게 되었습니다.

스페인 중심 지역에는 카스티야 왕국이, 카탈루냐 지역에는 아라곤 왕국이 세워졌습니다. 아라곤 왕국이 위치한 카탈루냐 지역은 지중해 무역의 중심지로 성장했고, 옷의 원료인 섬유 관련 공업이 발달해 경제적으로도 매우 부유한 지역이었죠. 우리에게 익숙한 의류 브랜드인 'ZARA'도 바르셀로나에 본점이 있고, 'MANGO'도 바르셀로나에서 시작되었습니다. 이 밖에도 많은 의류 사업이 바르셀로나에서 시작되었죠. 반면, 카스티야 왕국은 농업을 중심으로 성장해 두 왕국은 역사적으로 전혀 다른 특징을 갖고 있었습니다.

1469년 카스티야 왕국의 후계자 이사벨 1세와 아라곤 왕국의 페르난도 2세가 결혼하면서 두 나라는 하나가 됩니다. 두 사람은

영원한 라이벌 바르셀로나FC와 레알마드리드

카스티야-아라곤 왕국을 연합하여 통치했습니다. 처음에는 경제적으로 부유한 아라곤 왕국이 주도권을 잡는 듯했지만, 이사벨 여왕이 콜럼버스를 지원하며 신항로 개척을 시작했고 수많은 대서양 무역의 이익을 카스티야 왕국이 차지하면서 주도권을 차지하게 되었죠. 그래도 아라곤 왕국은 전통적 왕국의 지위를 인정받아 자치권을 가지고 있었습니다.

아라곤 왕국의 카탈루냐 지역이 자치권을 잃게 되는데, 이사벨 1세와 페르난도 2세가 후사 없이 죽자 신성로마제국의 황제 카를 5세가 페르난도 2세의 외손자라는 근거로 카스티야-아라곤 왕국의 통치자로 즉위했기 때문입니다. 스페인 각지에서는 자신들과 아무 상관없는 카를 5세의 즉위를 반대하며 반란을 일으켰죠. 하지만 카를 5세는 반란을 진압하고 아들 펠리페 2세에게 왕위를 물려주었습니다. 또한 카탈루냐의 자치권을 제한하며 하나의 스페인으로 통치하기 시작했습니다.

이후 카탈루냐는 자치권을 획득하고자 공화국을 선포하는 등 온갖 노력을 쏟았습니다. 하지만 두 차례 사건이 벌어지면서 노력은 좌절되고 스페인에 소속된 지방이 되었는데요. 첫 번째 사건은 1700년 스페인 합스부르크 왕가의 카를로스 2세가 죽자 프랑스 부르봉 왕가와 오스트리아 합스부르크 왕가가 왕위를 계승하고자 전쟁을 벌인 것이었습니다. 이때 카탈루냐는 부르봉 왕가보다는 자신들의 자치를 인정해줄 합스부르크 왕가를 지지했지만, 프랑스의 승리로 전쟁이 끝나자 독립에 실패하게 되었습니다. 두 번째 사건은 20세기 초반 전 세계는 민족주의 열풍이 불면서 카탈루냐인들도 독립하자는 주장이 나오게 된 것입니다. 하지만 1938년부터 1975년까지 독재자 프랑코가 등장하면서 카탈루냐의 독립과 자유를 억압했습니다. 심지어 카탈루냐어를 사용만 해도 헌병대에 끌려갈 정도로 탄압을 받았습니다.

프랑코의 독재 이후 카탈루냐는 2017년 10월 1일 자치 정부 수립에 대한 주민 투표를 실시한 결과 90퍼센트 이상의 찬성을 얻어 10월 27일 독립을 선포했습니다. 이에 스페인 정부는 카탈루냐 자치 정부를 해산시키고, 이 지역을 중앙 정부의 직할 통치령으로 전환시켰습니다. 이후 10월 31일 스페인 헌법재판소가 카탈루냐의 독립은 헌법에 위배된다는 판결을 내려 국가로서 권한을 모두 상실했습니다. 하지만 여전히 카탈루냐 주민들은 독립을 원하고 있고 스페인 중앙 정부와의 갈등은 지속되고 있는 상태입니다.

카탈루냐 지역이 독립을 하려는 이유는 역사적으로 민족과 언어가 카스티야와 다르기 때문만은 아닙니다. 현대에 와서는 경제적인 이유도 있습니다. 스페인 인구 약 4,600만 명 중 카탈루냐인은 750만 명으로 약 15퍼센트를 차지합니다. 반면, 2016년 기준 스페인 국내총생산(GDP) 1조 1,138억 5,100만 유로 중 카탈루냐 지역이 20퍼센트 이상 차지할 만큼 경제 규모가 큽니다. 또한 카탈루냐의 중심 도시인 바르셀로나는 무역과 관광, 금속 등 스페인 산업의 중심지 역할을 하고 있습니다. 그래서 카탈루냐의 경제적 이익을 스페인 정부가 고스란히 가져가는 상황을 카탈루냐인들은 가만히 두고 볼 수 없게 된 것이죠. 스페인 정부도 경제적으로 부유한 카탈루냐의 독립을 절대 인정할 수 없다는 입장이고요.

그래서 스페인의 중심 도시인 마드리드에 연고를 둔 레알마드리드와 카탈루냐의 중심 도시 바르셀로나에 연고를 둔 FC바르셀로나의 '엘 클라시코'는 축구 이상의 의미를 가지고 있습니다. FC바르셀로나의 홈 경기장인 '캄프 누'에서 '엘 클라시코'가 열리면 관중들은 카탈루야 국기를 들고 카탈루야어로 응원합니다. 축구를 통해 독립을 열망하는 것이죠. 지금까지 '엘 클라시코'의 배경에 숨겨진 이야기를 들은 여러분은 어떤 생각이 드나요? '엘 클라시코'는 단지 유명 구단의 축구 경기만이 아니라, 하나의 스페인을 주장하는 중앙 정부와 독립을 열망하는 카탈루냐의 보이지 않는 전쟁이기도 합니다.

대화의 수준을 끌어올리는; 똑똑이 아이템

클럽 그 이상의 클럽

독특한 축구팀이 하나 있는데, 이 팀은 구단주가 운영하지 않고 협동조합원들이 함께 운영합니다. 그리고 113년 동안 스폰서를 받지 않고 열악한 환경에 처한 아동들을 돕는 유니세프를 유니폼에 새기고 자선사업을 했습니다. 바로 FC바르셀로나입니다. FC바르셀로나는 협동조합원들이 함께 민주적으로 구단을 운영하면서 수익 창출이 아닌 카탈루냐의 상징으로 성장시키는 것을 목표로 하고 있습니다. 구단에서 얻는 대부분의 수익은 유소년 축구팀을 지원하고 있습니다. 최고의 선수라 불리는 메시도 13살에 바르셀로나의 지원을 받아 세계적인 축구 스타가 되었죠. 그리고 낙후된 지역의 아이들을 위해 의료 지원 및 스포츠 교육을 통한 구호 활동을 하고 있습니다. 이렇게 FC바르셀로나 협동조합원들은 '클럽 그 이상의 클럽'이라는 가치를 새기며 단순히 돈을 벌기 위한 수단으로 구단을 운영하지 않습니다. FC바르셀로나 유소년 아카데미 이반 비뇰 코치는 이렇게 말합니다. "우리는 축구의 기술을 가르치는 것이 아니라 동료애와 우정, 헌신 등 축구의 가치를 가르친다. 그것이 바르셀로나의 축구 철학이다." 축구를 통해 소중한 가치를 가르치고 성장을 추구하는 모습을 보면, FC바르셀로나가 왜 명문 구단이 되었는지 알 수 있을 것 같습니다.

스페인 국가에는 가사가 없다?!

스페인은 국가가 나올 때 노래를 부르지 않습니다. 국가에 가사가 있긴 하지만 과거 프랑코의 독재 정권을 떠오르게 한다는 이유로 가사를 부르지 않습니다.

스페인은 1936~1973년에 프랑코가 독재했습니다. 어떻게 20세기에 유럽에서 35년 넘게 독재 정권이 수립될 수 있었을까요? 스페인은 19세기에 다른 제국주의 국가들과의 전쟁에서 패배하면서 식민지를 상실했습니다. 그 결과 국력이 쇠퇴하면서 정치적으로 혼란해지자 군부 세력들의 쿠데타가 시작되었습니다. 20세기에 들어와 세계 대공황이 일어나자 국민들은 민주주의를 외쳤고, 1931년 국왕 알폰소 13세는 여론에 따라 총선을 실시했습니다. 선거 결과 공화파의 승리로 알폰소 13세는 왕좌에서 물러나고 공화정이 수립되었습니다. 스페인 공화정은 군부 쿠데타를 막기 위해 주요 군 장교들을 먼 지역으로 보냈고, 프랑코도 이때 북아프리카 카나리아제도로 파견되었죠.

그러던 중 1936년 스페인 극우 파시스트 세력이 공화국 경찰을 암살하는 일이 벌어졌고, 분노한 경찰 조직은 우파 정치인 칼보 소텔로를 살해합니다. 이에 스페인 군부는 경찰의 강압적 태도에 반발하며 쿠테타를 일으켰죠. 이때 프랑코도 군대를 이끌고 스페인으로 진격했습니다. 스페인 공화파와 군부 사이에 내전이 일어난 것입니다.

내전이 일어나자 독일의 히틀러는 군부 세력이자 파시스트인 프랑코를 지원하기로 합니다. 또한 내전을 독일 신무기의 화력이 얼마나 강한지 실험하는 좋은 기회로 삼았습니다. 이처럼 같은 파시스트인 독일과 이탈리아의 지원까지 확보한 프랑코는 내전에서 승리했습니다. 이 과정에서 많은 민간인이 희생당하고 프랑코에 대항한 공화파 세력은 숙청당합니다. 하지만 독재자 프랑코는 내전을 수습하느라 제2차 세계대전에 적극적으로 참전하지 않았는데, 덕분에 전범으로 몰리지 않아 권력을 상실하지는 않았습니다.

1973년 오랜 기간 집권했던 독재자 프랑코가 사망하자 군부독재 정권은 끝나게 되었습니다. 이후 프랑코는 마드리드에 있는 국립묘지에 안장되었는데요. '전몰자의 계곡'이라 불리는 국립묘지는 프랑코 집권 시기 스페인 내전에 희생당한 사람들을 기리는 장소입니다. 아이러니하게도 국립묘지를 건설할 때 프랑코의 독재를 반대하는 사람들을 데려다가 강제 노동을 시킨 바로 그곳에 독재자 프랑코가 묻히게 된 것이죠. 그는 죽기 전에 "내가 나의 적이라고 스스로 선언한 모든 사람을 진심으로 용서한 것 같이 모든 사람에게서 용서받기를 간구한다"라는 유언을 남겼습니다. 하지만 스페인 사람들은 나치와 손을 잡고 국민을 탄압한 독재자를 용서하지 못했나 봅니다. 2019년 스페인 정부는 독재자가 국립묘지에 안장되는 것을 허용할 수 없다며 관을 꺼내 가족묘역으로 옮겼습니다.

논란의 해시태그, #하나의 중국

최근 중화권 연예인들이 SNS에 '하나의 중국'이라는 문구를 올린 것이 화제가 되고 있습니다. 왜 중국은 계속 '하나의 중국'을 강조하고 있을까요? 그 배경에는 중국 내부의 복잡한 역사가 있습니다. 1949년에 마오쩌둥이 이끄는 공산당 세력은 장제스의 국민당 세력을 대만으로 내쫓고 건국을 선포했습니다. 이후 대만에 있는 중화민국은 중국 입장에서는 매우 불편한 존재가 되었죠. 한편 홍콩은 청나라 말기 아편전쟁으로 영국에 할양되었다가 1997년에 반환된 지역입니다. 최근 중국의 억압에 반대해 홍콩에서도 민주화 운동이 일어나게 되었죠. 이처럼 중국은 세계화 시대에 민주화, 인권, 개방 등 다양한 가치로 말미암아 강력한 중앙 집권 체제가 무너지는 것을 막기 위해 '하나의 중국'을 강조하고 있습니다.

'하나의 중국'을 강조하는 배경에 대만과의 갈등, 홍콩의 민주화 운동도 있지만, 중화인민공화국 건국 이후부터 가장 우려하던 것은 소수민족들의 독립입니다. 중국은 세계에서 가장 많은 인구를 자랑하고 있지만, 그만큼 다양한 소수민족도 있습니다. 중국에는 55개의 소수민족이 살고 있죠. 문제는 이 소수민족이 중국의 국경 지대에 주로 위치해 독립하면 중국의 요충지를 잃게 된다는 것입니다. 그래서 중국은 정부가 수립된 이후 '하나의 중국'을 계속 강조하고 있습니다. 그래서 중국은 거대한 영토를 가졌지만 오로지 북경을 기준으로 한 표준시만 사용하고 있습니다.

중국의 소수민족 중 티베트는 1951년 중국에 병합된 이후 오늘날까지 독립을 주장하면서 국제사회의 뜨거운 감자가 되었습니다. 특히 조 바이든 미국 대통령이 티베트의 지도자 달라이 라마를 만날 것을 예고했고, 티베트의 인권 문제를 해결하기 전까지 미국이 경제 조치를 취한다고 선언해 미국-중국의 무역 갈등이 고조되고 있습니다.

7세기 이후 불교를 수용한 티베트에서는 11세기 이후 독자적인 티베트 불교인 라마교가 형성되었고, 원나라는 이 라마교를 국교로 삼을 만큼 강성해졌습니다. 라마교의 지도자를 몽골어로 큰 바다를 뜻하는 '달라이'와 티베트어로 영적 스승을 뜻하는 '라마'를 합쳐서, '넓은 바다와 같이 넓고 큰 덕의 소유자인 스승' 달라이 라마라고 부르는데요. 달라이 라마는 종교뿐만 아니라 정치적 지도자로서 정교합일의 특징을 보여줍니다. 이후 중국 황제들은 달라이 라마를 정신적 스승으로 모시며 존중하고 티베트를 예우했습니다.

하지만 신해혁명 이후 건국된 중화민국은 전략적 요충지이자 실크로드에 있는 티베트 지역을 중국 영토로 편입하고자, 1912년부터 세 차례에 걸쳐 캄 전쟁을 일으켰고, 1931년 1월 1일 티베트는 중국 영토로 흡수되었습니다. 그러자 티베트의 지도자 13대 달라이 라마는 전 세계를 돌아다니며 독립을 주장했는데요. 이때 티베트의 국기와 여권을 만들어 중국과는 다른 나라임을 강조했습니다. 국공 내전의 결과 장제스의 국민당 세력을 대만으로 몰아내고, 마오쩌둥의 공산당은 중화인민공화국을 선포했습니다. 1950년에 인민해방군을 보내 티베트를 점령했고, 1951년에는 평화해방협정에 따라 티베트를 중국에 귀속시킵니다.

중국은 티베트 지역에 사회주의식 토지개혁을 실시하고 종교 탄압을 자행했습니다. 라마교를 국가의 기틀로 삼은 티베트는 전통과 역사가 훼손되고 억압받자 독립운동을 시작했습니다. 티베트의 독립운동 중 한 획을 그은 사건이 '라싸 봉기'입니다. 라싸 봉기는 1959년 3월 1일 중국 인민 해방군 사령부에서 14대 달라이 라마에게 연극 관람을 제안하면서 시작되었습니다. 달라이 라마는 3월 10일 연극을 관람하기로 했는데, 하루 전 인민 해방군 장교들은 갑자기 호위 병력을 대동하지 않고 공식적 행사를 실시하지 말 것을 요구합니다. 이에 티베트 사람들은 중국이 달라이 라마를 납치할 것이라 생각했고, 달라이 라마를 지키기 위해 30만 명의 티베트인들이 포탈라궁에 모여 3월 12일 독립을 선언했습니다. 하지만 인민 해방군의 공격으로 3월 19일 독립에 실패했습니다. 그 결과 티베트인 약 8만 6,000명이 사망하고 달라이 라마는 인도로 망명하게 되었죠.

인도로 망명한 달라이 라마는 망명정부를 수립해 오늘날까지도 티베트의 독립을 위해 힘쓰고 있습니다. 전 세계를 돌아다니며 티베트의 자치와 종교의 자유를 위해 노력하고 있어요. 또한 불교

제14대 달라이 라마

와 비폭력, 평화와 평등과 같은 가치관을 설파하며 '세계의 스승'이라는 별명과 함께 1989년 노벨 평화상을 수상했습니다. 중국의 티베트 강제 병합은 오늘날 국제사회의 비난을 받고 있습니다. 중국은 이를 덮기 위해 티베트를 비롯한 소수민족들의 자치와 독립을 억압하고 있죠. 국제사회에서는 중국의 소수민족에 대한 인권 탄압을 문제 삼아 무역 제재 등 경제적 조치를 하고 있습니다. 미국도 2022 베이징 동계올림픽 보이콧을 주장하며 대립이 점차 고조되고 있습니다.

💬 토론거리_10

여러분은 중국처럼 하나의 국가는 영토가 넓더라도 무조건 하나의 표준시를 사용해야 한다고 생각하나요? 아니면 미국처럼 지역별로 경도에 따라 여러 개의 표준시를 사용하는 게 좋다고 생각하나요?

증오와 혐오로 일어난 전쟁

나비의 작은 날갯짓이 날씨 변화를 일으키듯, 미세한 변화나 작은 사건이 예상하지 못한 엄청난 결과로 이어진다는 것을 '나비효과'라고 합니다. 한 청년도 자신이 발사한 총알 때문에 인류의 역사가 격변할 것이라고는 예상하지 못했습니다. 그가 쏜 총으로 전쟁이 일어났고, 2,500만 명 정도가 사망했습니다. 전쟁에 참전한 러시아에서는 사회주의 혁명이 일어나 최초의 사회주의 국가가 탄생했고, 전쟁에 참전한 독일 청년 히틀러는 독일의 부흥을 외치며 세계를 혼란에 빠뜨렸죠. 이 청년은 제1차 세계대전의 배경이 된 오스트리아 황태자를 암살한 사라예보 사건의 가브릴로 프린치프입니다. 그는 왜 오스트리아 황태자에게 총을 쐈을까요? 어떻게 그 총 한 발이 인류의 역사를 뒤바꾸고 이념과 갈등의 역사를 불러일으켰는지 함께 살펴봅시다.

제1차 세계대전의 배경이 된 사라예보 사건은 '유럽의 화약고'로 불리는 발칸반도의 복잡한 민족과 종교 때문에 발생했습니다. 발칸반도에서는 유럽 문화의 뿌리가 된 그리스-로마 문화가 시작되었으며, 동서 교류의 요충지로 수많은 민족이 이 지역에 자리 잡게 되었습니다. 고대에는 그리스인과 로마에서 건너온 라틴족이 거주했고, 6세기 이후에는 슬라브족이 이동해 정착했으며, 9세기 이후에는 마자르족이 이동해 정착했습니다. 또한 로마제국, 비잔틴제국, 오스만제국의 지배를 받으면서 가톨릭, 정교회, 이슬람교 등 다양만 민족과 종교가 혼재되어 있습니다.

발칸반도는 19세기 러시아와 오스만튀르크가 전쟁을 일으키면서 유럽의 화약고가 되었습니다. 당시 발칸반도는 오스만튀르크의 지배를 받고 있었습니다. 이때 슬라브족들 사이에서는 독립하자는 민족주의 열풍이 일어났고, 같은 슬라브족 러시아가 이를 지지하며 오스만튀르크와 전쟁을 시작했습니다. 이 전쟁에서 러시아가 승리하면서 1878년 산스테파노조약을 맺었습니다. 이 조약의 내용에 따라 슬라브족의 중심이 되는 세르비아, 몬테네그로, 루마니아을 독립시키고 거대한 영토의 불가리아 공국을 세워 러시아가 발칸반도로 진출하고자 했습니다. 하지만 당시 러시아를 견제하던 영국은 이를 받아들일 수 없었죠. 영국은 유럽 국가들과 베를린에서 회의를 열어 러시아의 계획을 저지합니다.

1878년 베를린회의의 결과 러시아의 발칸반도 진출 계획은 저지되고, 슬라브족과 러시아의 연합을 막기 위해 보스니아를 오스트리아-헝가리제국에서 관리하게 됩니다. 이때부터 발칸반도에 살고 있던 슬라브족들은 불만을 가지기 시작했습니다. 보스니아에는 슬라브족도 일부 살고 있었는데, 게르만족인 오스트리아-헝가리제국이 지배하는 것이 불만이었습니다. 결국 세르비아의 청년들은 '흑수단'이라는 비밀 조직을 만들어 발칸반도에 있는 슬라브족의 독립과 통일을 목표로 활동했습니다.

가브릴로 프린치프도 슬라브족의 연합을 외치던 청년이었습니다. 오스트리아-헝가리 제국에 불만을 가진 그에게 기회가 찾아 왔습니다. 바로 오스트리아의 황위 계승자인 프란츠 페르디난트 황태자가 군대의 사열을 보기 위해 보스니아의 수도 사라예보에 방문한다는 것이었습니다. 1914년 6월 28일, 프란츠 황태자 부부 는 차를 타고 가는데 흑수단원이 차에 폭탄을 던졌습니다. 황태자 는 무사했지만 다른 사람들이 다치고 말았습니다. 자신 때문에 사 람들이 다쳤다고 생각한 황태자는 주변의 반대에도 불구하고 병 문안을 가기로 마음먹었습니다. 병원으로 가던 중 인근의 골목에 숨어 있던 가브릴로 프린치프가 황태자 부부에게 총을 쏴 암살에 성공했습니다. 이 사건이 바로 제1차 세계대전의 배경이 된 '사라 예보 사건'입니다.

슬라브족의 독립과 통합을 꿈꿨던 가브릴로 프린치프의 예상 과는 다르게, 오스트리아-헝가리제국은 7월 28일 세르비아에 선 전포고를 했습니다. 그리고 세르비아와 같은 슬라브족인 러시아 가 전쟁에 개입하고, 오스트리아와 같은 게르만족인 독일이 참전 하면서 결국 제1차 세계대전이 일어났습니다. 유럽 내 민족주의 로 인한 갈등이 사라예보 사건으로 폭발한 것이죠.

유럽은 아주 오래전부터 다양한 민족이 섞여 살았습니다. 그러 다가 19세기 민족주의가 형성되면서 자신의 민족을 최우선으로 여기기 시작했고, 다른 민족을 깎아내리거나 소외시키는 모습을 보이기 시작했습니다. 결국 이런 민족 간 갈등은 제1차 세계대전이라는 엄청난 결과를 초래했고, 이후 제2차 세계대전에까지 영향을 주었습니다. 유럽의 민족주의는 게르만주의를 외치며 유대인을 억압하는 히틀러 탄생의 배경이 되기도 했습니다.

민족을 우선시하는 민족주의는 우리의 삶에 필요한 요소이기도 합니다. 정체성의 기반이자 공동체의 울타리가 될 수 있기 때문입니다. 하지만 잘못된 민족주의는 경계해야 합니다. 사라예보 사건을 소재로 한 영화에 이러한 대사가 나옵니다.

"저 게르만 놈들!", "저 슬라브 놈들!"

당시 유럽에서 서로 다른 민족 간의 갈등을 표현한 대사죠. 상대방을 혐오하는 것이 얼마나 큰 상처와 갈등을 초래할 수 있는지 시사하고 있습니다.

토론거리_11

한민족으로 오랜 역사를 유지한 우리나라도 인구수가 줄어드는 문제를 해결하기 위한 방안으로 이민 정책이 제시되는데요. 여러분은 이민 정책에 대해 어떻게 생각하나요?

2

종교 갈등과 분쟁

　결혼 정보 회사에서는 의뢰한 사람의 알맞은 상대를 찾기 위해 어떤 정보를 알아볼까요? 외모? 재산? 직업? 이러한 정보도 물어보지만 가장 중요한 정보가 하나 더 있습니다. 바로 종교입니다. 종교는 신이나 절대적인 힘을 통해 인생의 문제를 해결하고 삶의 근본 목적을 찾는 것입니다. 종교는 그만큼 사람의 마음속에 자리한 매우 중요한 가치관입니다. 종교관은 사람마다 다르게 추구하는 가치관이기 때문에 존중해야 합니다. 그렇지 않으면 갈등과 분쟁의 씨앗이 되기도 합니다. 그리고 그 어떤 갈등과 분쟁보다도 치열한 싸움이 됩니다. 국제사회에서도 가장 큰 분쟁들의 원인은 주로 종교에 있는데요. 지금부터 역사적으로 어떤 종교 갈등이 있었는지, 그리고 그것은 우리에게 어떤 과제를 던져주는지 알아보도록 합시다.

성소피아대성당이 유네스코 세계 문화유산에서 취소될 수 있다?

2020년 7월 12일 프란치스코 교황은 바티칸에서 열린 주간 미사에서 "내 생각은 이스탄불에 가 있다"라고 이야기했습니다. 이스탄불은 이슬람 국가인 터키의 대도시인데 왜 가톨릭 교황이 이스탄불에 생각이 가 있다고 말한 것일까요? 이스탄불에 있는 세계 문화유산에 문제가 생겼기 때문입니다. 바로 성소피아대성당인데요. 어떤 문제가 생겼는지 역사적 배경과 함께 살펴봅시다.

우리에게는 성소피아대성당으로 잘 알려져 있지만, 사실 처음부터 성당으로 유지된 것은 아닙니다. 그럼 성소피아대성당이 지나온 우여곡절의 역사를 알아볼까요? 동로마 유스티니아누스대제가 즉위했을 때 니케이 반란이 일어납니다. 반란을 진압한 유스티니아누스대제는 그리스 건축가들을 불러 세계에서 가장 위대하고 웅장한 성당을 만들라고 명령합니다. 그래서 537년에 완성된 것이 바로 성소피아대성당입니다. 당시 동로마에서는 '아야 소피아'라고 불렀는데요. 성스러운 지혜라는 뜻입니다. 처음에는 동로마 종교인 정교회의 총본산으로 역할을 했습니다. 그도 그럴 것이 동로마의 수도에 자리 잡고 있고 그 규모도 엄청나게 크기 때문이죠.

동로마의 쇠퇴와 함께 성소피아대성당에도 불행이 찾아옵니다. 11세기부터 셀주크튀르크가 소아시아로 영토를 확장하며 동로마

이스탄불에 위치한 성소피아대성당

를 공격해 오자 서유럽 로마 교황에게 도움을 요청합니다. 그래서 그 유명한 십자군 전쟁이 시작되었죠. 하지만 십자군들은 동로마의 안정과 성지 탈환보다 영토 확장과 경제적 이익을 원했습니다. 결국 제4차 십자군들은 금은보화가 가득한 콘스탄티노플을 함락했고, 정교회의 총본산인 성소피아대성당을 가톨릭 성당으로 바꿨습니다. 하지만 곧바로 동로마제국이 회복하면서 정교회의 성당으로 다시 바꿨습니다.

　13세기 말 소아시아에 등장한 오스만튀르크는 동로마의 마지막 적이었습니다. 지중해 동부 지역을 두고 100여 년의 전쟁 끝에 1453년 결국 오스만튀르크가 콘스탄티노플을 점령해 동로마제국은 멸망하게 되었습니다. 오스만튀르크는 정교회의 상징인 성소피아대성당을 무너뜨리지 않고 자신들의 종교인 이슬람교의 사원으로 개조했습니다. 이때 성소피아대성당은 대대적인 개조 작업을 거칩니다. 외부에는 이슬람 사원의 특징인 '미너렛'이라는 첨탑이 설치되었고, 지붕 위에는 이슬람교의 상징인 초승달 모양의 장식이 설치됩니다. 내부에는 정교회의 모자이크와 성화를 회칠로 덮어버리죠. 이슬람 사원으로 완전히 변신시킨 것입니다.

제1차 세계대전이 일어나고 오스만제국은 동맹국으로 참전했다가 패배하게 되었습니다. 오스만제국이 쇠퇴하자 식민지였던 각 지역은 민족주의 열풍이 불면서 독립을 했죠. 그러자 혁명을 이끈 청년 튀르크당의 무스타파 케말이 오스만제국을 무너뜨리고 터키를 건국하게 되었습니다. 초대 대통령 무스타파 케말은 융통성이 있는 이슬람 세속주의 정책으로 나라를 운영합니다. 그래서 1934년 11월 24일 내각의 결정에 따라, 성소피아대성당을 무슬림만 출입 가능한 모스크에서 벗어나 누구나 방문할 수 있는 박물관으로 개관했습니다.

박물관이 된 성소피아대성당은 고대 정교회의 흔적들을 회복하기 시작했습니다. 회칠로 덮여 있던 모자이크와 성화가 복원되었고, 내부의 이슬람 사원의 흔적을 없애고 박물관으로 바꿨죠. 그리고 1985년 유네스코 세계 문화유산으로 등재되어 이스탄불에 방문하면 꼭 가야 하는 명소가 되었습니다. 정교회의 총본산으로서 전통과 역사를 가진 성소피아대성당을 존중하는 터키 정부의 큰 결심이라 평가할 수 있습니다. 그런데 교황은 왜 성소피아대성당을 생각하며 안타까움을 금치 못한 것일까요?

2020년 7월 10일 마침내 터키 최고행정법원은 오스만 술탄 메흐메트 2세의 황실 자산을 모스크 이외의 용도로 사용하게 한 1934년 11월 24일 내각의 결정은 위법이라고 최종 판결하면서 성소피아대성당을 이슬람 사원인 모스크로 다시 환원했습니다. 이슬람 교리를 중시하는 에르도안 대통령은 곧바로 성소피아대성당을 모스크로 환원하는 행정명령에 서명했죠. 왜 터키 정부는 100여 년 가까이 박물관으로 사용된 성소피아대성당을 모스크로 바꾼 것일까요?

사실 터키 내부에서 성소피아대성당을 모스크로 바꾸자는 주장은 계속 있었습니다. 하지만 인류 문화유산으로 수많은 관광객이 방문하는 성소피아대성당을 굳이 모스크로 다시 바꾸는 것은 경제적으로 큰 손실입니다. 또한 이스탄불에 블루 모스크라는 거대한 사원이 있기 때문에 터키 정부는 성소피아대성당을 박물관으로 유지해왔습니다. 하지만 터키 정부의 입장이 바뀌게 된 계기가 있습니다. 이슬람 보수주의가 성장해가던 2015년 4월, 프란치스코 교황이 아르메니아 대학살을 "20세기 최초의 대학살"이라고 발언한 것입니다. 아르메니아 대학살은 19세기 말부터 20세기 초에 오스만제국 내에서 아르메니아인을 대상으로 자행한 일련의 집단 학살 사건입니다. 100만~150만 명의 아르메니아인들이 독립을 추진하다가 학살된 비극이었죠. 이 사건을 언급하자 터키의 이슬람 세력은 크게 반발하며 결집했습니다. 그리고 이슬람주의자인 에르도안 대통령은 국제사회의 비난에도 불구하고 성소피아대성당을 모스크로 환원하겠다고 선언했습니다.

이러한 기나긴 과정을 지나 성소피아대성당은 결국 모스크로 환원되었습니다. 다시 이슬람 사원이 되면서 방문객들은 신발을 벗고 모스크의 예법을 따라야 합니다. 이는 기독교 세계에도 큰 충격이었습니다. 정교회의 총본산인 성소피아대성당이 이슬람 사원이 되었기 때문에 방문하는 것도 어려워지고 기독교의 상징들이 다시 훼손될 위기에 처했습니다. 유네스코에서도 성소피아대성당의 세계 문화유산 등록을 취소하려는 움직임을 보이고 있습니다. 과연 성소피아대성당의 운명은 어떻게 될까요?

 **토론거리_12**

성소피아대성당 문제에 대해 터키의 종교적 결정을 존중해야 한다고 생각하나요? 아니면 세계 문화유산이기 때문에 모스크가 아닌 박물관으로 유지해야 한다고 생각하나요?

대화의 수준을 끌어올리는 ; 똑똑이 아이템

아르메니아 대학살

2015년 4월 12일 바티칸 성베드로대성당에서는 아르메니아 대학살 100주기를 맞이해 미사가 열렸습니다. 이 미사에는 아르메니아 정교회 수장인 카렌킨 2세가 참석했고, 프란치스코 교황은 아르메니아 대학살에 대해 "20세기 최초의 대학살"이라고 말했습니다. 이 발언은 아르메니아 학살을 일으킨 오스만제국을 이어받은 터키 사회에서 매우 큰 반발을 불러일으켰습니다. 심지어 이 발언으로 이슬람 국가 중에서도 개방적이고 세속적인 터키 사회가 점차 이슬람주의로 변화하는 모습까지 보였습니다. 그리고 이슬람주의가 부흥하면서 성소피아 대성당이 박물관에서 이슬람 모스크 사원으로 전환되었습니다. 대체 아르메니아 대학살은 어떤 사건이었기에 터키 사회가 매우 민감한 반응을 보이는 것일까요?

아르메니아는 유럽과 아시아를 연결하는 지리적 요충지이자 고대 메소포타미아 문명 지역에 위치해 있습니다. 아르메니아는 기원전 2세기부터 국가를 수립할 만큼 오랜 역사를 가지고 있는데요. 아르메니아는 301년 티리다테스 3세가 기독교를 국교로 공인했습니다. 이는 380년 로마제국의 테오도시우스가 기독교를 국교로 공인한 것보다도 앞선 시기였습니다. 그만큼 기독교가 매우 뿌리 깊게 자리 잡은 지역이었습니다.

하지만 지리적 요충지에 자리 잡은 아르메니아는 주변 강대국으로부터 침입을 계속 받아왔습니다. 동로마제국, 셀주크투르크, 예루살렘 왕국, 이집트 맘루크왕조, 몽골제국에 이르기까지 수많은 나라와 민족의 침입과 정복을 당했죠. 하지만 아르메니아인들은 기독교를 중심으로 그들의 문화와 정체성을 유지했습니다. 17세기에는 이슬람 국가인 오스만제국의 지배를 받게 됨으로써 오랜 식민지의 역사가 지속되었습니다.

19세기 민족주의가 등장하면서 오스만제국에서 발칸 지역 슬라브족들이 독립을 외쳤습니다. 그리고 같은 슬라브족인 러시아가 이를 도와 오스만제국과의 전쟁(1877~1878)에 승리해 발칸 지역을 독립시켰습니다. 오스만제국의 입장에서는 매우 가슴 아픈 사건이었죠. 그런데 오스만제국의 오랜 지배를 받던 아르메니아인들도 민족 차별에 반발하기 시작합니다. 안 그래도 발칸 지역 기독교 국가들이 독립해 반(反)기독교적 감정이 고조된 오스만제국에서 기독교를 믿는 아르메니아인들이 민족주의 운동을 벌이니 강력하게 탄압하자는 주장이 제기되었습니다. 그 결과 1894년 술탄의 친위대가 아르메니아인들을 탄압한 것을 시작으로 1909년까지 약 10만~30만 명 정도의 희생자가 생겼습니다. 이를 제1차 아르메니아 대학살로 부르게 되었죠. 제1차 세계대전이 일어나고 오스만제국은 동맹국으로 참전해 패전하게 되자 아르메니아인들은 러시아의 지원을 받으며 독립을 준비하게 되었습니다. 아르메니아인은 러시아군으로 참전하거나 내부에서 게릴라로 활동하면서 오스만제국을 공격했습니다. 이에 1915~1917년에 오스만제국 내에 있는 아르메니아인들을 학살하고 그들의 문명을 파괴하기 시작했습니다. 이때 적게는 60만 명에서 많게는 150만 명에 이르는 아르메니아인들이 희생된 것으로 추산됩니다. 말 그대로 20세기 초 대학살이 일어난 것이죠.

터키 정부에서는 이 사건을 전쟁 중 오스만제국에 반대하고 러시아 편에 선 아르메니아인들이 혼란으로 죽게 된 불행한 사건 정도로 평가하고 있습니다. 희생자도 20만 명 정도로 축소해서 이야기하고 있고요. 반면, 기독교 국가에서는 아르메니아 대학살을 종교 분쟁으로 인한 민족 학살이라고 평가합니다. 오스만제국의 지배 이후 소련으로 편입된 아르메니아는 1991년 독립을 맞이하게 되었습니다. 독립이라는 기쁨을 누려야 하지만 오늘날까지도 전쟁이 이어지고 있습니다. 이슬람 국가인 아제르바이잔과 중요 자원 지대인 '나고르노카라바르' 지역을 두고 전쟁을 하고 있기 때문이죠. 이 지역은 기독교를 믿는 아르메니아인들이 많이 거주하고 있습니다. 그래서 아르메니아는 이 지역에 영유권을 주장했고 아제르바이잔과 전쟁을 벌였습니다. 석유 및 천연가스 지대를 두고 두 나라는 오늘날까지 전쟁을 지속하고 있습니다.

핵전쟁 발생 위험 지역

핵전쟁의 경고는 핵무기가 개발된 순간부터 계속되었습니다. 아이슈타인은 핵무기에 대해 "나는 제3차 세계대전에서 어떤 무기를 가지고 싸울지 알지 못한다. 그러나 제4차 세계대전은 막대기와 돌을 들고 싸우게 될 것이다"라고 말하며 경고했죠. 그래서 전 세계는 핵전쟁을 막고자 함께 노력하고 있습니다. 하지만 혹시라도 전쟁이 일어나 핵무기가 쓰일 것으로 예상되는 분쟁이 있습니다. 바로 핵보유국인 인도와 파키스탄이 싸우고 있는 '카슈미르 분쟁'입니다.

많은 사람이 이 분쟁을 걱정하는 이유는 냉전 시대처럼 이념 갈등이 아닌 그보다 더 중요한 종교 문제로 싸우고 있기 때문입니다. 역사적으로 종교 분쟁은 한쪽이 손을 들 때까지 싸우기 때문이죠. 실제로 인도가 국력 강화를 위해 핵무기를 보유하자 파키스탄도 인도와의 싸움에서 주도권을 빼앗기지 않기 위해 핵무기를 보유하게 되었습니다. 두 나라가 종교 분쟁을 하게 된 것은 캐시미어 생산지로 유명한 카슈미르 지역 때문입니다.

16세기부터 인도 지역에 거대한 영토를 차지한 무굴제국은 인도의 식민지가 되었습니다. 무굴제국은 이슬람교를 국교로 삼았던 제국이지만, 인도의 본래 종교에 대해 관용 정책을 펼친 덕분에 힌두교의 영향력이 유지될 수 있었습니다. 파키스탄 지역은 예부터 이슬람교를 믿어왔고 인도 지역은 힌두교를 믿어왔지만, 두 지역은 영국의 식민지로부터 독립을 원했습니다. 그런데 영국의 영향력이 약화되어 독립의 순간이 다가왔을 때 마침내 갈등이 일어나게 되었습니다. 파키스탄 지역에 무슬림 연맹은 인도와는 다른 이슬람 국가를 희망했고, 1947년 8월 인도국민회의파, 무슬림 연맹, 영국 정부의 합의에 따라 '인도 독립법'이 제정되면서 파키

카슈미르를 두고 분쟁 중인 인도와 파키스탄

스탄과 인도는 분리된 채 영국으로부터 독립했습니다.

문제는 인도와 파키스탄 경계에 있는 카슈미르 지역이었습니다. 영국으로부터 독립할 때 카슈미르의 지도자는 힌두교를 믿고 있었습니다. 그래서 인도 지역으로 편입한다고 결정했죠. 하지만 카슈미르 주민 대다수는 이슬람교를 믿고 있었기 때문에 이 결정에 반대하며 파키스탄에 귀속할 것을 요구했습니다. 인도는 카슈미르 지역을 지키기 위해 군대를 보내면서 폭동을 진압하려 했고, 파키스탄도 카슈미르에 대한 영유권을 주장하며 군대를 보내 전쟁이 일어났죠. 이후 유엔의 요구로 1928년 12월에 휴전을 했습니다. 전쟁 결과 카슈미르의 60퍼센트 정도는 인도가, 나머지 지역은 파키스탄이 지배하게 되었지만, 오늘날까지 카슈미르를 두고 두 나라는 여전히 전쟁과 갈등을 지속하고 있습니다.

문제는 인도와 파키스탄 사이에서 전쟁이 벌어질 때마다 상대방에 대한 철저한 보복으로 반인륜적 범죄가 일어나고 있다는 것입니다. 가장 최근에 일어난 두 나라의 분쟁은 2019년 4월 14일 자살 폭탄 테러로 인도 경찰 41명이 사망합니다. 그러자 인도 정부는 파키스탄 정부가 배후 세력이라 지목해 4월 26일 전투기를 보내 파키스탄을 공습했습니다. 파키스탄 정부는 인도 전투기 두 대를 격추시켰고, 인도도 파키스탄 전투기를 격추하는 공중전까지 전개되었습니다. 이 과정에서 파키스탄 정부는 핵 회의까지 소집해 국제사회의 간담을 서늘하게 했죠.

인도와 파키스탄의 전쟁은 핵 위험이 도사리는 가운데 미국과 중국의 대리전쟁이라는 위험도 있습니다. 인도와 중국은 국경을 맞닿고 있어 전쟁이 일어날 만큼 관계가 좋지 않습니다. 그래서 중국은 인도를 견제하기 위해 파키스탄과 우호 관계를 유지하며 지원하고 있죠.

반면, 미국은 중국을 견제하기 위해 인도를 지원하고 있습니다. 그래서 카슈미르 종교 분쟁은 세계대전의 원인이 될 만한 매우 위험한 위치에 있습니다. 평화를 위해서 카슈미르 분쟁이 해결되어야 하지만 종교관의 차이로 쉽게 해결되지 않고 있습니다.

아일랜드에서 여행할 때 주의할 점!

1990년대 아일랜드를 여행할 때 주의할 점이 있었습니다. 북쪽에서는 초록색 옷을 입고 남쪽에서는 오렌지색 옷을 입으면 위험할 수 있다는 것입니다. 1922년 독립을 쟁취한 아일랜드는 주민들이 믿는 종교가 달라 남과 북으로 분열되었는데, 1998년 베라스트 평화협정을 체결하기 전까지 싸움이 지속되면서 감정이 매우 좋지 않았기 때문입니다. 북아일랜드는 개신교 신자들이 많아서 같은 개신교인 영국을 지지한다는 의미로 명예혁명 당시 오렌지공을 상징하는 오렌지색을 대표적인 색으로 삼고 있습니다. 남아일랜드는 카톨릭 신자가 많습니다. 이들은 아일랜드에 가톨릭을 전파한 성 파트리치오를 상징하는 초록색을 대표적인 색으로 삼고 있죠. 그래서 아일랜드의 국기는 왼쪽에는 남아일랜드와 가톨릭을 상징하는 초록색을, 오른쪽에는 개신교를 상징하는 오렌지색을 가운데는 평화와 중립을 상징하는 흰색을 담고 있습니다. 21세기인 지금은 괜찮지만 20세기 후반 두 지역의 갈등이 심할 때는 각자에게 상징적인 색을 함부로 착용하지 말라는 경고가 있었습니다.

아일랜드가 종교적 차이로 남북으로 분열된 것은 잉글랜드의 식민지가 되면서부터입니다. 1536년 잉글랜드의 왕 헨리 8세는 국왕으로서 통치를 선언하고, 1541년 아일랜드를 침공해 아일랜드를 통치하게 되었습니다. 그런데 문제가 생겼습니다. 당시 헨리

종교 분쟁으로 남북으로 분열되었던 아일랜드

8세는 이혼 문제로 가톨릭 교황과 마찰이 생기고 왕권 강화를 위해 종교개혁을 일으켰습니다. 결국 잉글랜드는 가톨릭이 아닌 국교회를 믿게 되었습니다. 하지만 당시 아일랜드 사람들은 가톨릭 신자였지요. 잉글랜드의 지배에 불만이 있는데다 종교까지 다르니 더욱 반감을 가질 수밖에 없었죠.

　잉글랜드도 종교가 다른 아일랜드를 안정적으로 지배하기 위한 방법을 모색했습니다. 그 결과 스코틀랜드에 거주하는 장로교 신자들을 아일랜드 북부에 대거 이주시켜 정착하도록 했습니다. 그리고 패널법을 만들어 가톨릭 신자는 공직에 진출하지 못하게 했죠. 잉글랜드의 강압적인 지배와 가톨릭을 탄압하는 것을 그냥 눈 뜨고 볼 수 없었던 아일랜드 주민들은 독립운동을 전개했습니다. 하지만 되돌아오는 것은 탄압뿐이었죠. 특히 18~19세기 식량 부족으로 세 차례 아일랜드 대기근이 발생했을 때, 잉글랜드는 아무 도움을 주지 않고 방치했습니다. 아일랜드 대기근을 겪으면서 인구 800만 명 중 200만 명이 굶어 죽게 되었고 200만 명은 고국을 떠나 미국 등 해외로 이주하게 되었습니다.

1916년 4월 아일랜드에서 잉글랜드로부터 독립을 요구하는 부활절 봉기가 일어났습니다. 아일랜드 대중들이 이 봉기를 지지하면서 독립 전쟁으로 확대되었습니다. 1919년 1월 21일에 시작된 독립 전쟁은 2년 넘게 유지되었고 잉글랜드도 더 이상 강압적인 지배는 어렵다고 판단했습니다. 결국 1921년 12월 두 나라는 조약을 맺어 아일랜드 자유국을 영연방의 일원으로 자치를 보장하기로 했습니다. 그런데 북아일랜드 지역은 주민의 대부분이 잉글랜드에서 건너온 개신교 신자였기 때문에 아일랜드가 독립할 때 잉글랜드에 잔류하게 되었습니다.

아일랜드 사람들은 이 결과를 받아들이기 어려웠습니다. 우리나라의 역사로 비유하자면, 독립운동 결과 일본 아래 자치국으로 유지되고, 일본 주민들이 대거 건너와 사는 지역은 일본 영토라고 한 것과 마찬가지입니다. 아일랜드에서는 이러한 내용의 조약에 동의할 수 없다는 세력이 등장했죠. 그중 대표적인 세력은 아일랜드 공화국군(IRA)입니다. IRA는 아일랜드의 완전한 독립을 주장하며 무장투쟁을 이어 나갔습니다. 이후 아일랜드는 조약 내용에 대해 찬성파와 반대파의 내전이 일어날 만큼 매우 혼란스러운 시간을 보내게 되었죠. 그래도 두 세력은 모두 언젠가는 북아일랜드를 되찾아야 하는 대상으로 생각했습니다. 하지만 북아일랜드에 개신교 신자들은 여전히 아일랜드와 함께 독립하자는 입장이 아니라 잉글랜드에 계속 머물자는 입장이었습니다.

그렇게 남과 북으로 나뉜 아일랜드의 갈등이 폭발했습니다. 1972년 1월 30일에 일어난 '피의 일요일' 또는 '보스사이드 학살'이라 불리는 사건이 벌어졌습니다. 북아일랜드는 식민지 시기부터 개신교 신자에게 정치권력을 부여하는 법을 유지하고 있었는데, 북아일랜드의 가톨릭-민족주의 세력은 차별에 반발하며 시위를 일으켰습니다. 시위와 집회가 점점 확대되자 북아일랜드에 배치된 영국군이 이를 진압했습니다. 진압 과정에서 양측 세력은 점차 격앙되고 폭력 사태로 번지게 되었죠. 그 결과 영국군은 시위대를 향해 총격을 가하면서 14명이 죽고 13명이 다치게 되었습니다. 잉글랜드 정부는 이 사건을 덮으려 했다가 아일랜드 사람들이 크게 반발합니다. 아일랜드 밴드 U2는 '피의 일요일' 사건을 'Sunday Bloody Sunday'라는 노래로 표현하기도 했죠.

'피의 일요일' 사건으로 IRA을 중심으로 아일랜드 민족주의자들은 더욱 격렬하게 무장투쟁을 전개했고 아일랜드는 큰 혼란에 빠지게 되었습니다. 20세기 후반에는 북아일랜드에서는 남아일랜드의 상징 색인 초록색을, 남아일랜드에서는 북아일랜드의 상징 색인 오렌지색을 주의해야 한다는 여행 경고까지 암암리에 퍼질 정도였죠. '피의 일요일' 사건 이후 30년 동안 아일랜드 분쟁은 3,500여 명의 목숨을 빼앗았습니다. 그러면서 1990년대 냉전의 종식과 함께 폭력이 해결책이 될 수 없다는 주장이 나오면서 마침내 평화협정을 맺게 되었습니다. 1998년 4월 10일 북아일랜드 자치 정부 수립 등을 골자로 한 벨파스트 협정이 그 결과입니다. 즉, 북아일랜드가 잉글랜드의 지배를 받지 않고 독자적인 정부를 수립하는 것이었습니다. 이후 남아일랜드와 북아일랜드는 물리적 국경을 없애고 평화를 위해 노력할 것을 다짐합니다. 또한 IRA 지도자 오닐이 무장투쟁을 포기한다는 입장을 발표했습니다.

21세기 아일랜드는 어떤 상황일까요? 아쉽게도 종교 분쟁이 완전히 해소된 것은 아닙니다. 2001년에는 개신교 신자들이 가톨릭 여학생들의 등교를 방해했다가 폭력 사태가 발생했고, 2009년에는 아일랜드 민족주의자로 추정되는 괴한이 영국군에 총을 난사해 사상자가 생기는 일도 있었죠. 최근 2016년에는 영국 국민투표 결과 영국이 EU에서 탈퇴한다는 '브렉시트'로 여전이 EU 소속인 아일랜드와 영국 사이의 관계가 애매해졌다는 점도 큰 문제입니다. 과연 종교적 갈등으로 분리된 아일랜드에 평화가 찾아올 수 있을까요?

아일랜드 독립운동의 결과 잉글랜드와 조약을 맺어 자치권을 획득했습니다. 이는 우선 자치권을 획득한 후 국력을 키워 완전히 독립하기 위한 조치였죠. 하지만 지금 당장 독립해야 한다는 반대 의견도 있었는데요. 여러분은 어떤 입장을 지지하나요?

대화의 수준을 끌어올리는 ; 똑똑이 아이템

두 섬에 다섯 나라

2021년 여름, 유럽에서는 '유로 2020'이라는 축제가 열렸습니다. 유럽 내 국가들끼리 축구 대회를 개최한 것인데요. 치열한 승부 끝에 잉글랜드와 이탈리아가 결승전에서 만났고 승부차기 결과 이탈리아가 승리했습니다. 아마도 결승전 경기를 시청한 사람들은 명승부로 기억할 것입니다. 그런데 의아한 점이 있었습니다. 팀명을 잉글랜드로 표기했고, 국기도 우리가 아는 영국기가 아니었습니다. 사실 우리가 아는 영국의 정식 명칭은 '그레이트브리튼 및 북아일랜드 연합왕국(United Kingdom of Great Britain and Northern Ireland)'입니다. 줄여서 '연합 왕국(U. K.)'이라고 부르는데요. 우리나라에서는 통상 '영국'이라 부르고 있습니다.

영국의 정식 명칭에서 알 수 있듯이 여러 왕국이 연합되어 있습니다.

잉글랜드를 중심으로 서쪽에는 웨일스, 북쪽에는 스코틀랜드, 서쪽 바다 건너 북아일랜드가 연합해 '연합 왕국'을 이루고 있습니다. 연합 왕국에서 독립한 아일랜드까지 포함하면 이 지역에는 다섯 개의 국가가 있다고 보면 됩니다. 참고로 이들은 각자 나라의 정체성을 오랫동안 유지해오고 있었기 때문에 국제 대회에는 자신들의 왕국 소속으로 참여하기도 합니다. 우리에게는 하나의 나라처럼 보여도 영국에서는 참 민감한 문제입니다. 어쩌다가 그들은 연합국으로 성장하게 되었을까요?

아주 오래전에 그레이트브리튼섬과 아일랜드섬에는 켈트족이 살고 있었습니다. 켈트족은 기원전 5세기에 유럽에서 건너와 정착했습니다. 그런데 기원전 1세기 로마제국이 브리튼섬을 점령하게 되었죠. 로마는 브리튼섬의 중남부 지역을 중심으로 세력을 확장했습니다. 북부 지역인 스코틀랜드는 켈트족의 저항이 막강해 점령을 포기하고 성벽을 쌓아 침략을 방지했죠. 이때 하드리아누스 황제는 장벽을 세워 스코틀랜드를 방어했는데, 이 성벽은 오늘날 영국과 스코틀랜드의 국경이 되었습니다.

로마에 점령당한 브리튼섬의 켈트인들은 점차 로마 문화에 섞이기 시작했습니다. 로마의 문화를 수용하고 로마의 체제를 받아들인 것입니다. 5세기 초 로마제국이 약화되면서 브리튼섬에서 로마군은 떠나게 됩니다. 로마군이 떠나자 덴마크제도에 살고 있던 앵글로색슨족이 브리튼섬에 정착하기 시작했습니다. 자신들이 살던 덴마크 지역보다 훨씬 따뜻하고 물자가 풍족했기 때문에 수많은 사람이 건너왔죠. 이때 앵글로색슨족이 사는 지역을 '잉글랜드'라고 부르게 되었고, 이곳에 터를 잡았던 켈트족은 스코틀랜드, 아일랜드, 웨일스 지역으로 이주하게 되었습니다. 이후 잉글랜드, 아일랜드, 스코틀랜드, 웨일스 네 개의 왕국이 각자 정체성을 형성하며 발전했습니다.

11세기 노르망디 공작 '정복왕' 윌리엄은 잉글랜드를 점령했고 스코틀랜드를 예속시켰습니다. 12세기에 헨리 2세는 해군 병력을 보내 아일랜드를 점령하고, 13세기 영국 역사에서 막강한 힘을 가졌던 에드워드 1세는 웨일스와 스코틀랜드를 공격해 통치권을 장악했습니다. 이렇게 영국은 네 개의 나라를 점령하면서 성장합니다. 그러나 각 나라는 영국의 지배에 저항해 독립운동을 벌이기도 했습니다. 16세기에 헨리 8세가 종교개혁을 일으키자 가톨릭교를 믿는 아일랜드는 이에 반발했고, 결국 개신교인 북아일랜드와 가톨릭교인 남아일랜드로 분열되었습니다. 1800년에 '연합법'에 따라 잉글랜드, 스코틀랜드, 웨일스, 아일랜드는 연합 왕국이 되었습니다. 하지만 종교가 다르고 영국으로부터 억압을 받았던 아일랜드는 20세기 독립에 성공했고, 현재는 아일랜드를 제외한 잉글랜드, 스코틀랜드, 웨일스, 북아일랜드가 연합왕국을 구성하고 있습니다. 복잡한 역사를 가진 영국! 혹시라도 이지역으로 여행을 간다면 이러한 역사적 배경도 알고 있으면 좋겠죠?

3

자원 갈등과 분쟁

　혹시 스타크래프트라는 게임을 알고 있나요? 세 개의 종족을 선택해 한정된 자원이 있는 맵에서 전쟁을 수행하는 전략 시뮬레이션 게임이죠. 아마 게임에 관심이 없는 친구도 스타크래프트라는 이름은 들어봤을 거예요. 스타크래프트 같은 전략 시뮬레이션 게임에서 제일 중요한 것은 '자원'입니다. 그런데 현실에서도 자원은 국가의 발전에 매우 중요한 조건 중 하나입니다. 특히 산업혁명 이후, 산업화에 필요한 자원이 전 세계에 고르게 분포되어 있지 않기 때문에 더 많은 자원을 차지하기 위한 분쟁과 갈등이 끊임없이 일어나고 있습니다.

일본은 왜 독도를 자기네 땅이라고 우기는 걸까?

2022년 새해가 밝고 우리나라 정부는 각 나라의 대사관에 선물을 보냈습니다. 하지만 일본 대사관은 선물에 독도가 그려져 있다는 이유로 거절했습니다. 이처럼 독도는 우리나라가 독립한 이후 계속 분쟁 지역으로 이어져왔습니다. 그리고 21세기에 들어와서 일본은 더욱 강력하게 독도에 대한 영유권을 주장하고 있습니다. 독도는 어떻게 한·일 갈등의 배경이 되었을까요? 그리고 왜 일본은 독도를 자신들의 땅이라고 주장하는 걸까요? 아마도 독도가 우리나라 땅인 이유는 학교에서 배우거나 TV나 인터넷 등 대중매체에서서 많이 접했을 거예요. 하나하나 이야기하자면 정말 많은 근거가 있습니다. 하지만 여기서는 독도가 왜 분쟁 지역인지에 초점을 맞춰서 이야기해보고자 합니다.

독도는 역사적으로 고대부터 우리나라의 영향권 안에 있었습니다. 일본의 기록에도 독도를 우리나라의 영토로 인지하고 있는 지도나 문서 등의 자료가 발견되었죠. 하지만 조선 말 일제의 침략이 본격화되면서 많은 것을 일본에 빼앗기게 되었습니다. 대한제국 시기인 1904년에는 한반도에 대한 권한을 두고 러시아와 일본이 전쟁을 치렀습니다. 전쟁이 발발하자 일본은 2월 23일 군사 전략상 필요한 지점을 사용할 수 있다는 한·일 의정서를 체결했습니다. 1910년 한·일 병합으로 우리나라의 주권을 일제에 빼앗긴 아픔의 역사를 보내고 1945년 8월 15일 광복을 맞이했습니다.

우리나라의 독도

그리고 전범국이던 일본에 대한 재판이 이루어졌죠. 이후 1951년 9월 7일 연합국은 일본과 샌프란시스코 강화조약을 맺었는데요. 이 조약의 초안에서는 독도가 한국 영토로 명기되어 있었지만, 어쩐 일인지 최종안은 "일본은 한국의 독립을 승인하고, 제주도, 거문도 및 울릉도를 포함한 한국에 대한 모든 권리, 권원, 그리고 청구권을 포기한다"로 '독도'라는 말은 빠져 있습니다.

샌프란시스코조약 내용을 두고 우리나라는 일본에서 분리되는 모든 도서(島嶼)를 열거한 것이 아니므로 독도는 반환되는 도서에 포함된 것이라고 주장하고 있습니다. 반면, 일본은 조약문에 독도가 명시되어 있지 않아 돌려주지 않아도 되며, 독도는 강제 병합

이전에 한일의정서에 근거해 일본이 차지한 것이기 때문에 일본의 영토라고 주장하고 있죠. 하지만 고종은 대한제국 칙령 제41호로 독도에 대한 영유권을 선포했으며, 한일의정서는 외교권을 빼앗긴 대한제국에서 거부할 수 없는 조약이었습니다. 역사적으로 볼 때도, 제국주의를 청산하는 현대사의 관점에서 볼 때도 독도는 틀림없이 우리나라 영토입니다. 그렇다면 일본은 왜 독도에 대한 영유권을 주장하고 있을까요?

첫 번째, 독도는 매우 작은 섬이지만 영해를 확보하는 중요한 역할을 합니다. 영해는 한 나라의 주권이 미치는 바다로 보통은 기점이 되는 기선으로부터 12해리(약 22킬로미터)가 됩니다. 기선으로부터 200해리(약 370킬로미터)는 배타적경제수역으로 어업 활동과 해양 자원 탐사·개발·이용·관리 등에 관한 경제적 활동의 권리가 보장되죠. 바다에 있는 섬은 아무리 작다고 해도 영해와 배타적경제수역의 기점이 될 수 있으므로 매우 중요합니다.

두 번째 이유는 독도에 있는 자원입니다. 독도는 작은 섬이지만 그 가치는 무궁무진합니다. 한 조사 보고서에 따르면, 독도의 가치를 돈으로 환산하면 연간 11조 5,000억 원이라고 합니다. 어떻게 작은 섬에서 엄청난 경제적 가치가 생기는지 알아보면, 우선 독도는 풍부한 관광자원입니다. 독도는 동해의 푸른 바다와 해저산이라는 독특한 지형 덕분에 다채로운 경관을 뽐내고 있습니다. '새들의 고향'이라는 노랫말이 있듯이 텃새와 철새의 낙원이고, 생태계의 보고로서 가치가 큽니다.

독도는 황금 어장이라 불릴 만큼 수산자원도 풍부합니다. 북쪽으로 북한 한류와 남쪽으로 동한 난류가 교차하는 곳이어서 어류의 먹이가 되는 플랑크톤이 풍부합니다. 그래서 여름에는 난류성 어종이, 겨울에는 한류성 어종이 다양하게 서식하고 있죠. 특히 독도의 북서쪽 '대화퇴어장'은 동해 최고의 어장으로 불릴 만큼 경제적 가치가 매우 뛰어납니다. 국내 오징어 생산량의 약 60퍼센트가 독도 주변과 대화퇴어장에서 잡힌다고 합니다.

일본이 독도의 영유권을 주장하는 이유는 해저 자원의 가치 때문입니다. 그중 가장 이슈가 되는 자원은 가스하이드레이트입니다. 가스하이드레이트는 드라이아이스처럼 고체로 되어 있습니다. 불을 붙이면 타는 성질이 있어 '불타는 얼음'이라고도 불리는데요. 고체 가스이기 때문에 다른 연료보다 공해가 적어 미래 자원으로서 큰 가치를 지니고 있습니다. 현재 독도 인근에는 6~20억 톤가량의 가스하이드레이트가 매장되어 있을 것으로 추정되며, 그 가치는 250조 원 정도로 평가되고 있습니다. 또한 천연비료의 원료나 기초 소재인 인산연암이 2억 톤 이상 부존되어 있는 것으로 추산되고, 각종 미네랄과 영양염류가 풍부한 해양 심층수가 있다고 합니다.

이러한 관광·수산·해저 자원은 독도가 영토 이상으로 더 많은 가치를 지닌다는 사실을 증명하고 있습니다. 그리고 과학기술이 발전해 그동안 사용할 수 없었던 자원도 사용할 수 있습니다. 그만큼 미래에 독도의 가치는 점점 향상될 것으로 보입니다. 그래서 일본은 계속 독도를 분쟁 지역으로 이슈화하고 자신의 영토라고 주장하고 있습니다. 문제는 일본 정부가 우경화되면서 어린 학생들에게까지 자신들의 입장을 주입하고 있다는 것입니다. 일본 검정 교과서의 기준이 되는 일본 문부성 학습지도요령 해설서(2018년 개정)에 따르면, 독도는 일본의 고유한 영토이며, 한국이 불법 점거하고 있으므로 교과서에서 일본의 입장을 정확하게 다룰 것을 제시하고 있습니다. 그래서 일본 청소년들이 배우는 사회 교과서에는 독도를 일본의 영토로 기술되어 있습니다.

지금까지 독도 분쟁의 역사와 일본이 독도를 차지하려는 이유를 알아보았습니다. 이처럼 중요한 가치를 지닌 독도는 우리나라 영토입니다. 그렇다면 우리가 독도를 지키기 위해 할 수 있는 일은 무엇이 있을까요?

 토론거리_14

일본은 오래전부터 계속해서 독도 문제를 국제사법재판소에서 판결을 통해 해결하자고 주장하고 있습니다. 일본의 주장대로 국제사법재판소에서 독도 문제를 다루는 것이 좋을까요?

대화의 수준을 끌어올리는 ; 똑똑이 아이템

시멘트로 만든 섬

우리나라 최남단에 있는 섬이 무엇인지 아세요? 인터넷에서 한번 검색해볼까요? 그런데 이상한 점이 있을 거예요. 어떤 글에서는 '마라도'라고 하고, 또 어떤 글에서는 '이어도'라고 합니다. 마라도는 한 번쯤 들어보았을 텐데 이어도는 처음 듣는 친구도 있을 거예요. 이어도는 과연 어떤 섬일까요? 마라도 동남쪽으로 149킬로미터 정도 떨어져 있는 섬입니다. 이어도(離於島)는 만조일 때는 수면 아래에 가라앉기 때문에 떠돌아다니는 섬이라는 뜻을 가지고 있죠. 현재 우리나라는 이어도에 종합해양과학기지를 건설해 만조에도 바다 위에 떠 있는 구조물을 만들었습니다. 여러분은 이어도가 섬이라고 생각하세요, 아니면 암초라고 생각하세요?

사실 이어도는 국제적으로 섬으로 인정받지 못하고 있습니다. 유엔 해양법에 따르면 "섬이라 함은 물로 둘러싸여 있으며, 만조일 때에도 수면 위에 있는, 자연적으로 형성된 육지 지역을 말한다", "인간이 거주할 수 없거나 독자적인 경제활동을 유지할 수 없는 암석은 배타적경제수역이나 대륙붕을 가지지 아니한다"라고 규정하고 있습니다. 이 규정에 근거하면 이어도는 만조일 때는 수면 아래로 가라앉기 때문에 암초입니다. 그 위에 구조물을 세운 것도 인정되지 않습니다.

그런데 현재 남중국해에 있는 스프래틀리군도(난사군도)에서 중국과 일본이 서로 시멘트로 섬을 만들면서 분쟁이 일어나고 있습니다. 스프래틀리군도에는 70여 개의 작은 섬과 암초가 있는데요. 이것을 중국과 베트남, 필리핀이 서로 자기네 땅이라 주장하고 있습니다. 섬마다 국가가 다르니 갈등도 무척 심한데요. 갈등이 고조될 때는 자기 섬 밑에 지나가는 다른 나라의 해저케이블을 자르기까지 했죠. 그런데 중국은 더 많은 섬을 확보하고자 암초에 모래를 부어 섬으로 만드는 작업을 하고 있습니다. 미국은 이러한 행위를 보고 "모래로 만리장성을 만들고 있다"며 비판했습니다.

일본은 북태평양제도에 있는 오키노토리 암초를 섬이라고 주장하고 있습니다. 오키노토리 암초는 처음에는 만조에도 육지가 있는 환초섬이었지만, 지속적인 침식과 해수면 상승으로 암초가 되었죠. 이에 일본은 섬을 보호한다는 이유로 1987년부터 약 3,000억 원을 쏟아부어 암초 주변에 콘크리트와 티타늄을 둘러 암초가 사라지지 않게 조치했습니다. 공사 전 3평도 되지 않은 암초가 2,570평짜리 인공 구조물로 바뀌게 되었죠. 그리고 인근 암초 위에 헬기 착륙장과 여러 시설을 만들어 일본의 최남단 섬이라고 주장하고 있습니다.

전 세계에서 이처럼 모래나 콘크리트로 만든 섬을 흔히 볼 수 있습니다. 섬 하나가 영토로 인정될 경우 엄청난 영해와 배타적경제수역을 가질 수 있기 때문인데요. 하지만 영해와 배타적경제수역은 매우 민감한 부분이기 때문에 인공 섬은 국제 분쟁의 원인이 되기도 합니다. 또한 환경 파괴로 이어질 수 있기 때문에 조심스럽게 다루어야 할 문제입니다.

특명, 한반도에서 석유를 찾아라!

1976년 1월 15일 신문에는 우리 국민들이 환호성을 지를 만한 기사가 나왔습니다. 석유가 한 방울도 안 나오던 우리나라에서 포항 지역에 석유가 발견되었다는 박정희 대통령의 발표가 있었기 때문이죠. 국민들은 석유가 나면 우리나라도 곧 부자가 될 거라는 기대감에 들떴습니다. 박정희 대통령은 화학공학을 전공한 오원철 수석을 불러 재떨이에 샘플을 담아 불을 붙이며 석유가 발견되었다고 이야기했습니다. 하지만 오원철 수석은 무언가 이상함을 느꼈죠. 원유는 다양한 물질이 섞여 있어 불을 붙이면 '펑' 소리가 나며 타야 하는데, 너무 깨끗하게 불이 붙었기 때문입니다. 조사 결과 그것은 원유가 아니라 원유가 정제된 경유 성분으로 밝혀졌고, 포항 암석 지대 아래에 원인은 모르지만 경유가 스며들어 축적되어 있었다는 사실이 알려졌습니다. '포항 석유 발견 사건'은 이렇게 온 국민을 잠시나마 들뜨게 한 해프닝으로 끝났습니다.

그런데 당시 우리나라는 왜 그토록 석유에 집착했을까요? 물론 지금도 석유는 중요한 자원이므로 찾을 수만 있다면 찾아야 합니다. 하지만 1970년대에 포항에 석유가 있다는 근거가 부족한 상황인데도 박정희 대통령은 중앙정보부에 특별 지시까지 내려 조사할 것을 명령했습니다. 1974년에 일어난 제1차 오일쇼크 때문에 물가가 20퍼센트나 오른 상태였습니다. 오일쇼크란 산유국들의 모임인 석유수출국기구(OPEC)에서 유가를 올려 전 세계 경제

오일쇼크로 인한 석유 가격 폭등

를 압박한 사건을 말합니다. 석유가 한 방울도 나지 않는 우리나라는 석유 가격이 오르면 경제적으로 큰 혼란에 빠질 수 있어 안정적인 석유 공급이 절실했습니다. 지금부터 전 세계에 충격을 준 오일쇼크에 대해 자세히 알아봅시다.

제1차 오일쇼크는 1973년 10월에 발생했습니다. 중동 지역에 이스라엘이 건국된 이후 1948년 제1차 중동전쟁을 시작으로 세 차례 전쟁이 있었습니다. 세 차례 전쟁에서 승리한 이스라엘은 중동 지역에서 영향력을 확대하고 영토를 늘려갔습니다. 아랍 국가들에게는 매우 가슴 아픈 사건이었죠. 그래서 군사 강국인 이집트를 중심으로 아랍 국가들은 이스라엘에 빼앗긴 영토를 되찾기 위해 전쟁을 준비합니다. 하지만 이 과정에서 큰 고민이 생겼습니다. 미국을 비롯한 서방국가들이 이스라엘을 지원한다면 전쟁에서 이길 가능성이 적었기 때문입니다. 그래서 외부 세력이 개입하지 못하도록 방법을 찾던 중 석유를 무기로 삼는 계획을 고안했죠.

석유는 1970년대 전 세계 중공업 발전에 필요한 자원이었습니다. 아랍 국가들은 이스라엘을 돕는 나라가 있다면 석유 공급을 끊어서 지원을 차단하기로 의견을 모았습니다. 1973년 10월 6일 이집트와 아랍 국가들은 군 병력 100만 명을 동원해 이스라엘을 공격했습니다. 이때 이스라엘은 멸망 직전까지 내몰리는 위기에 처했습니다. 그러자 미국이 이스라엘을 지원하면서 아랍 국가들이 밀리게 되었고, 결국 3주 간 치열한 공방전 끝에 유엔의 중재로 승자 없는 전쟁이 끝났습니다.

승리를 눈앞에서 놓친 아랍 국가들은 이스라엘을 지원하는 나라는 대가를 톡톡히 치를 것이라 경고하며, 석유 공급은 줄이고 가격은 인상하겠다고 발표합니다. 그 결과 OPEC의 아랍 국가들은 두 달 정도 원유 생산을 약 25퍼센트 줄이고, 1배럴(158.9L) 당 2.9달러인 원유를 12달러로 올렸습니다. 현재 가치로 따지면 14.5달러에서 55달러로 급등한 셈이죠. 그런데 국제시장에 원유의 공급이 줄지 않자 사재기 현상이 벌어졌고, OPEC이 12달러에 판 석유의 현물시장 가격은 30달러까지 치솟았습니다. 게다가 미국에는 원유를 팔지 않았죠. 원유를 공급받지 못한 미국은 공장들이 가동을 멈추고 자동차들이 움직일 수 없었습니다. 심지어 휘발유 배급제를 실시했고, 휘발유를 구하기 위해 기다리던 사람들은 서로 싸우는 사태까지 벌어졌습니다.

제1차 오일쇼크의 충격은 미국뿐만 아니라 우리나라에도 큰 혼란을 안겨주었습니다. 우리나라에 공급되는 석유도 20퍼센트가량 감소되자 중공업 중심의 경제 개발은 중단될 위기에 처했습니다. 물가도 2년 동안 50퍼센트 이상 상승해 서민들이 큰 피해를 입었죠. 그래서 우리나라는 오일쇼크의 위기를 극복하기 위해 중동 지역에 건설 사업을 진출시켜 OPEC 국가들과 우호적인 관계를 맺으며 안정적인 원유 공급을 모색했습니다.

석유를 무기 삼아 일으킨 오일쇼크는 그동안 제국주의 국가의 식민지로 무기력하게 여겨졌던 중동 지역 아랍 국가들의 국제적 위상을 뒤바꿔놓았습니다. 1970년대에는 국가의 산업화를 위해 석유가 가장 효율적인 자원이었으므로 강대국들은 OPEC의 요구를 들어줄 수밖에 없었습니다. 이때 많은 나라가 이스라엘에 대한 지원을 끊고 아랍 국가들을 지지합니다. 자원이 그 어떤 총과 미사일보다 강한 무기가 되었습니다.

이후에도 OPEC의 석유 생산과 가격 결정이 국제 경제에 지대한 영향을 미치게 되었습니다. 1978년에 이란 이슬람 혁명이 일어나자 중동 지역에서는 원유 가격을 올리고 생산을 줄입니다. 세계 경제가 인플레이션 현상으로 혼란에 빠지고 경제 성장률은 둔화되었습니다. 두 차례 오일쇼크를 겪은 세계는 자국에 있는 유전을 개발하거나 석유 국가들과 원만한 관계를 맺으려 했습니다. 석유를 무기로 한 아랍 국가들은 국제적인 위상이 높아졌지요.

앞으로 또 자원 전쟁이 일어나면 우리나라는 어떻게 될까요? 20세기에는 석유가 산업화의 필수 자원이었지만, 앞으로는 어떤 자원이 무기가 될지 아무도 모릅니다. 우리가 흔하게 접하던 자원도 얼마든지 무기가 될 수 있죠. 예를 들어, 우리나라에서는 재배하지 않는 값싼 수입 농작물을 수출하는 국가가 무기로 삼을 수도 있습니다. 자원도 무기가 될 수 있는 세계화 시대에 우리는 어떻게 대처해야 할까요?

 토론거리_15

농산물 수입이 확대되면서 소비자의 선택도 다양해졌는데요. 하지만 국내 농민들은 판매가 어려워지자 농사를 포기하는 경우도 있죠. 농산물 수입 확대와 제제 중 여러분은 어느 쪽을 찬성하나요?

대화의 수준을 끌어올리는 ; 똑똑이 아이템

자원의 저주

우리나라에 석유와 천연가스 등 많은 자원이 매장되어 있다면 어떨까요? 자원은 곧 막대한 돈이 되므로 생각만 해도 행복합니다. 세계 원유 수출국인 베네수엘라에서는 원유를 '악마의 배설물'이라고 부릅니다. 기름 한 방울 나지 않는 우리나라 입장에서는 정말 이해가 안 되는 부분입니다. 왜 베네수엘라에서는 원유를 '악마의 배설물'이라고 할까요?

1976년 베네수엘라는 석유를 국유화한 이후 엄청난 경제적 이익을 얻습니다. 1970년대에 산업화의 붐이 일어나면서 석유는 가장 중요한 자원이 되었고 제1차 오일쇼크로 원유 가격이 급상승했습니다. 베네수엘라는 1인당 GDP가 남미에서 가장 높았어요. 그런데 문제가 생겼습니다. 석유 수출로 얻는 이익이 너무 크다 보니 다른 산업은 전혀 개발하지 않았던 겁니다. 국민들도 국가가 부유하니 정치에 큰 관심이 없어 정치인들은 부정부패에 빠지게 되었습니다. 이후 석유 가격이 폭락하면서 수입원이 뚝 끊기자 베네수엘라 경제는 급격하게 몰락하게 되었고 부정부패한 정치 세력은 이를 수습할 능력이 없었죠. 정치는 혼란에 빠지고 석유 외에 다른 산업이 발전되어 있지 않아 무너져가는 경제를 회복시킬 수 없었습니다. 그래서 베네수엘라에서는 석유를 '악마의 배설물'이라 부르게 되었죠.

베네수엘라처럼 자원은 풍부하지만 경제 성장이 어려운 현상을 '자원의 저주'라고 합니다. 자원이 풍부한데도 왜 '자원의 저주' 현상이 발생하는 것일까요? 첫째, 자원 관련 산업을 통해 큰 이익을 얻을 수 있으니 굳이 다른 산업을 발전시키지 않습니다. 그래서 자원 관련 산업에 문제가 생길 때 경제 침체를 회복할 방법이 없습니다. 둘째, 국가에 자원이 풍족해 수입이 안정적이므로 국민들에게 세금 부담을 주지 않습니다. 국가의 예산을 국민의 세금으로 채우지 않으니 정부는 누구의 눈치도 보지 않고 예산을 낭비하거나 부정부패에 빠집니다. 셋째, 풍부한 자원을 차지하기 위한 내부 분쟁이 일어납니다. 국가 내부의 다양한 민족이나 정치 세력이 강력한 부를 차지하고자 쿠데타를 일으킵니다. 또는 다른 국가들도 이 자원을 얻기 위해 내부 분쟁을 이용하기도 하고요. 그래서 정치적으로 혼란에 빠지는 경우가 많습니다. 자원은 국가에 엄청난 부를 가져다줍니다. 하지만 '황금알을 낳는 거위'로 여겨 다른 산업을 발전시키지 않는다면, 거위가 황금알을 낳지 않을 때는 어느 나라보다 큰 위기에 빠질 수 있습니다.

지구촌 물 분쟁

지구상에 존재하는 물의 양은 약 1억 4,000만 세제곱킬로미터로 지구의 70퍼센트 이상을 차지합니다. 그런데 그중 인간이 마실 수 있는 물은 얼마나 될까요? 10퍼센트? 5퍼센트? 1퍼센트? 정답은 0.007퍼센트입니다. 생각보다 매우 적은 물만 이용할 수 있는 것이죠.

최근에는 지구온난화 등 기후변화로 인해 전 세계에서 물 부족으로 고통당하는 사람들이 늘어나고 있습니다. 28개의 국가가 물 부족 또는 물 기근 국가로 지정되어 있고, 2005년에 환경부에서 게시한 통계자료에 따르면, 약 14억 명의 사람들이 물이 부족해 어려움을 겪고 있습니다. 그런데 물 부족으로 어려움을 겪고 있는 사람들에게 더욱 힘든 갈등과 분쟁이 일어나고 있습니다. 한 국가가 안정적으로 물을 확보하기 위해 다른 나라들에 필요한 물까지 독점하는 사례가 발생하고 있는데요. 이른바 '물 분쟁'이 일어나는 것이죠. 오늘날 세계에서는 어떤 물 분쟁이 일어나고 있는지 함께 알아봅시다.

티베트고원에서 시작된 메콩강은 중국, 미얀마, 라오스, 태국, 베트남, 캄보디아를 지나 바다로 흘러갑니다. 그 길이만 4,880킬로미터로 세계에서 열두 번째로 긴 강이며, 열 번째로 유수량이 많은 강입니다. 여섯 나라는 메콩강이 베푸는 비옥한 토양과 물고기 그리고 물을 통해 풍요로운 삶을 살아갑니다. 그런데 최근 동남아시아 쪽 메콩강 하류의 물이 말라가고 있습니다. 그동안 잡히던 물고기들도 수심이 얕아지자 살지 못하게 되었죠. 강물의 수위가 낮아지면서 바닷물이 역류해 쌀농사를 지을 수 없기도 했습니다. 삶의 터전이 무너진 겁니다.

도대체 메콩강에 무슨 일이 생긴 걸까요? 메콩강 상류에 중국이 안정적인 물을 확보하기 위해 11개의 댐을 만들었습니다. 댐

메콩강의 어부

은 물을 저장하고 조절하는 역할을 하는데요. 상류에 댐을 지어놓으니 하류에 흘러갈 물이 적어지면서 동남아시아 국가들이 피해를 받고 있는 것이죠. 유엔 환경 계획 보고서에 따르면 "중국 샤오완댐 하나만 가동해도 동남아 모든 댐들의 담수량보다 많다"라고합니다. 태국과 베트남 등 메콩강 하류의 국가들은 중국의 이기심으로 물이 부족해진다고 비판하고 있습니다. 이에 중국은 메콩강의 물 부족은 강수량 부족이 원인이지 댐이 문제는 아니라고 반박합니다. 하지만 가뭄과 산업화로 물이 부족한 중국은 댐을 이용해 식수와 전력을 얻고 있습니다. 메콩강 하류에 사는 사람들은 과연 풍요로운 삶을 되찾을 수 있을까요?

　메콩강의 사례처럼 하천 상류를 차지한 국가가 안정적인 물 공급을 위해 댐을 건설하는 바람에 하류에 위치한 국가들이 물 부족을 겪는 사례는 흔히 볼 수 있습니다. 세계 4대 문명의 발상지인 나일강 유역, 메소포타미아 지역의 유프라테스강과 티그리스강 유역에 있는 국가들도 상류와 하류에 위치한 국가들이 현재 물 부족 현상으로 분쟁 중이죠. 국가에 따라 물의 빈부 차가 발생하고, 물을 이용한 주도권 갈등이 발생하면서 물 부족 국가는 갈수록 어려운 상황에 빠지고 있습니다. 어떻게 하면 모든 나라가 평화롭게 지구의 물을 사용할 수 있을까요?

4

제국주의가 남긴
갈등과 분쟁의 씨앗

인터넷 공간에서 쉽게 접할 수 있는 문장이 있습니다. "인간의 욕심은 끝이 없고 같은 실수를 반복한다"라는 내용인데요. 더욱 풍요해지려는 욕심 때문에 18세기 산업혁명 이후 과학기술 발전을 바탕으로 강대국이 약소국을 지배하는 제국주의가 등장하게 되었죠. 제국주의 국가는 금세 전 세계를 식민지로 삼았고, 더 이상 차지할 땅이 없자 두 번의 세계대전을 경험했습니다. 그 후 세계는 같은 실수를 반복하지 않기 위해 평화를 모색하고 있는데요. 하지만 여전히 제국주의로 인한 상처와 분쟁의 씨앗이 만연합니다.

아프리카 국가들은 왜 국경이 직선일까?

아프리카 지도를 한번 보세요. 아프리카는 지구 전체 육지 면적의 20.4퍼센트를 차지할 정도로 거대한 대륙으로 총 55개의 국가가 자리를 잡고 있습니다. 그런데 이상한 점 하나가 있어요. 아프리카 국가들의 국경이 직선인 경우가 많습니다. 왜 아프리카 국가들은 국경이 단순해졌을까요? 그것은 제국주의가 남기고 간 상처입니다.

18세기 후반부터 19세기 초까지 영국에서 시작된 산업혁명은 전 유럽으로 퍼졌습니다. 그 결과 유럽의 공장에서는 물건들이 대량으로 생산되었죠. 산업혁명이 발전할수록 물건을 만들 원료와 물건을 팔 시장이 필요해졌습니다. 이들은 값싼 원료를 구해 상품으로 만든 다음 비싸게 팔 수 있는 방법을 찾기 시작했습니다. 그 결과 제국주의가 열리게 되었고요.

제국주의 국가들은 약소국을 식민지로 삼아 원료를 공급받고 상품을 판매하는 방법이 가장 효과적이라는 사실을 깨닫게 됩니다. 이에 가장 적합한 대상은 아프리카 대륙이었죠. 그렇게 유럽 제국주의 국가들은 아프리카 대륙을 거침없이 점령했습니다. 이때 아프리카에서 유럽 나라끼리 분쟁이 발생할 경우에는 국경을 그었는데요. 보통 국경은 산, 강, 바다 등 지리적 요건에 따라 정해지는데, 이와 다르게 유럽 국가들은 차지한 영토에 따라 국경선을 정했습니다.

제국주의로 조각난 아프리카의 국경

　제국주의 국가들은 아프리카 대륙에서 얻을 수 있는 것을 최
대한 가져가기 시작했습니다. 그러면서 아프리카를 문명화시켜
준다는 명목으로 점령을 정당화했죠. 아프리카에서 가장 악명 높
았던 인물은 벨기에의 레오폴드 2세였습니다. 레오폴드 2세는 제
국주의의 후발 주자인 벨기에가 발전하려면 식민지가 필요하다
고 느껴 자신의 일기에 "아프리카라는 엄청난 케이크를 얻을 수

있는 이번 기회를 절대로 놓치고 싶지 않다"라고 남기기도 했죠. 그러던 중 그의 눈에 콩고라는 거대한 미개척지가 들어왔습니다. 결국 1884년 베를린 회담을 통해 콩고의 지배권을 확보했습니다.

레오폴드 2세의 손에 들어간 콩고는 그 어떤 식민지보다 가장 많은 수탈과 학살을 당했습니다. 산업혁명의 결과 고무가 새로운 원료로 각광받던 시절 콩고에는 '검은 황금'이라 불리는 고무나무가 국토의 절반을 차지했습니다. 레오폴드 2세는 1893년 250톤도 되지 않았던 콩고의 고무 수출량을 1901년 6,000톤으로 크게 늘렸습니다. 어떻게 이런 일이 가능했을까요? 충격적이게도 레오폴드 2세는 하루당 고무 채취량을 정했고 이를 충족하지 못한 콩고인들의 손과 발을 잘랐습니다. 당시 독일 신문 기사에 따르면, 콩고에서 하루 동안 할당량을 채우지 못한 1,300여 명의 손이 잘렸다고 합니다.

레오폴드 2세의 잔악한 지배에 다른 제국주의 국가들도 충격을 받았고 곧 그를 비판하기 시작했습니다. 당시 콩고 인구는 약 3,000만 명에서 약 900만 명으로 약 70퍼센트나 감소할 정도로 큰 아픔을 겪었습니다. 제2차 세계대전이 끝나고 식민지들의 독립이 시작되었는데, 콩고에서도 독립을 위한 민족운동이 일어났습니다. 독립에 대한 강한 열망으로 마침내 1960년 6월 30일 벨기에의 식민 통치로부터 콩고가 독립했습니다.

독립을 맞이한 콩고는 이제 '꽃길'만 걸을 줄 알았지만 최근까지도 콩고는 내전에 시달리고 있습니다. 심지어 2001년 로랑 데지레 카빌라 대통령은 반대 세력에게 암살을 당했죠. 독립을 맞이한 콩고에서 내전이 일어난 것은 반투족, 콩고족 등 100여 개의 부족이 섞여 있기 때문입니다. 콩고는 아프리카에서 두 번째로 넓고 세계에서는 11번째로 넓은 나라입니다. 그만큼 다양한 언어와 민족과 종교가 혼재되어 있습니다.

각 부족은 독립 당시 콩고의 주도권을 잡고자 했고, 독립한 콩고를 이용해 자원을 획득하려는 강대국들은 각기 다른 부족을 지원하면서 내전을 부추겼습니다. 게다가 아프리카의 대다수 국가들에서 콩고와 유사하게 내전이 벌어지고 있습니다. 일반적으로 국가가 형성될 때 하나의 공동체가 정치 집단으로 발전하는 모습과 다르게, 아프리카는 유럽 강대국들에 의해 타의적으로 언어, 부족, 종교 등의 요소와 관계없이 차지하고 있는 영토에 따라 국경이 그어졌습니다. 그 결과 하나의 나라에 다른 부족이 섞이거나 하나의 부족이 다른 두 나라로 갈라지는 비극을 겪게 되었죠.

💬 **토론거리_16**

영국 대영박물관에는 800만 점이 넘는 유물이 소장되어 있습니다. 하지만 대부분 유물은 제국주의 시절 식민지에서 약탈한 것들인데요. 소장하고 있는 유물을 본래 국가로 반환해야 할까요?

코로나19가 끝나고 해외여행을 갈 수 있을까요?

2020년 코로나19로 해외여행을 갈 수 있는 길이 꽉 막혀버렸습니다. 코로나19가 끝나더라도 해외여행을 자유롭게 갈 수 있을지 걱정입니다. 코로나19가 중국에서 시작되었다는 이유로 아시아인에 대한 증오 범죄가 증가하고 있기 때문인데요. 2021년 3월 16일, 미국 애틀랜타에서 안타까운 일이 일어났습니다. 21살의 백인 남성 로버트 아론 롱은 세 군데의 마사지 업소에서 연쇄 총격을 벌이는 바람에 한국계 여성 4명을 포함해 8명이 사망했습니다. 그는 범행 이전에 SNS에 "그들(중국)은 우한 바이러스가 어떻게 창조됐는지 알고 있으며, 50만 미국인을 죽인 것은 21세기 세계 지배를 위한 그들의 계획 중 일부일 뿐"이라며 아시아인을 "우리 시대 최대 악"으로 규정한 글을 올렸습니다. 이런 사건 외에도 뉴스에 아시아인에 대한 증오 범죄를 어렵지 않게 볼 수 있습니다.

인종차별은 자신과 다른 인종이라는 이유로 적대감을 드러내는 배타적 태도를 말합니다. 인종차별은 제국주의와 함께 나타난 현상입니다. 제국주의 열강이 다른 국가들을 식민 지배할 때, 이를 정당화한 이론이 하나 있습니다. 19세기 스펜서가 주장한 '사회진화론'인데요. 사회진화론은 환경에 따라 적응하는 적자생존의 원리에 따라 종이 발전해왔다는 다윈의 진화론에 근거해 사회도 적자생존의 원칙을 적용하는 것입니다. 국가와 사회에는 우열이 존재하고 강한 나라가 약한 나라를 지배하는 것이 자연스러운 일이라고 주장합니다. 이에 따라 제국주의 국가가 다른 나라를 점령하는 것을 적자생존의 원칙에 따라 정당화했죠.

사회진화론에 따라 식민 지배를 하는 제국주의 국가들은 도덕적인 양심의 가책을 내려놓을 수 있었습니다. 제국주의 백인은 우수한 인종이고 식민지 흑인은 열등한 인종이니 도덕적으로 문제가 없다는 것입니다. 오히려 흑인을 지배해 백인처럼 문명화시켜야 한다는 책임감을 가지며 자신들의 지배 행위를 정당화합니다. 이러한 태도를 보여주는 대표적인 사례가 한 비누 광고인데요. 흑인 아이에게 비누를 쓰면 백인 아이처럼 하얗게 될 수 있다는 걸 보여주었죠.

제국주의 시대에 "백인은 우월해! 흑인은 열등해!" 하는 생각으로 오랜 시기 다른 인종에 대한 차별이 유지되었고, 이는 세계 권력을 잡은 백인들이 다른 인종에게도 확대되었습니다. 인류 역사상 갈등이 가장 크게 폭발한 양차 세계대전이 일어나면서 그동안 식민지 지역이었던 아프리카와 아시아에서 독립이 일어났습니다. 전쟁에 참여해 권리를 되찾아오는 경우도 있었고, 사회와 문화가 발전하면서 인식이 전환되기도 했죠. 이들은 제3세계를 형성하면서 세계인은 누구나 차별의 대상이 아닌 평등한 존재라고 주장했습니다.

하지만 100여 년 동안 전 세계에 퍼진 제국주의와 함께 형성된 인종차별은 다른 인종에 대한 편견을 남기게 되었습니다. 이러한

인종차별에 반대하는 미국 시민들

편견은 우리 사회에도 남아 있는데요. 한번 천천히 여러분의 머릿속에 어떤 모습이 떠오르는지 볼까요? 백인, 흑인, 동양인… 아마도 그동안 여러분이 의식하지 못했던 인종에 대한 편견은 없나요? 아마 우리도 모르게 인종에 대한 편견이 있었을지 모릅니다.

인종에 대한 편견으로 일어난 차별의 사례로는 어떤 것이 있을까요? 최근 미국 사회를 뒤흔든 인종차별 사건이 연달아 일어났습니다. 2020년 5월 25일 조지 플로이드가 경찰 무릎에 목이 눌려 사망한 사건으로 미국의 흑인들이 전국적으로 'Black Lives Matter(흑인 생명도 소중하다)'라는 캠페인을 벌였습니다. 같은 해 6월에 미국에서 가장 땅값이 비싼 곳으로 알려진 퍼시픽하이츠에 살고 있던 필리핀 출신 제임스 씨도 캠페인을 위해 자신의 집 담벼락에 'Black Lives Matter'라는 문구를 적고 있었습니다. 그때 지나가던 백인 여성이 남의 집에 낙서하면 안 된다고 제지했죠. 그러면서 여기는 백인들이 사는 동네라는 식으로 이야기를 했습니다. 필리핀 사람인 제임스 씨가 이 집의 주인일 리 없다는 일종의 인종차별이었죠. 그 백인 여성은 어느 화장품 회사의 CEO로 알려지면서 많은 사람의 비난을 받았습니다.

이러한 인종차별 사건이 우리에게 어떤 의미를 줄까요? 인종차별은 편견과 일반화의 오류로 발생한다는 사실을 알려줍니다. 만약 여러분이 해외에 나갔을 때, 옆자리에 백인이나 흑인이 앉는다고 생각해볼까요? 어떤 사람이 앉는 게 더 안정감이 느껴질까요? 실제로 많은 연구에서 흑인에 대한 부정적 인식이 더 강하다는 결과가 나왔습니다. 물론 미국 범죄 비율에서 인구 대비 흑인이 상당수를 차지하고 있습니다. 하지만 이러한 사실을 가지고 일반화하는 것은 큰 문제입니다. 특히 미디어에서 범죄자는 주로 흑인인 경우가 많아서 미국 사회에서 '흑인=범죄자'라는 인식이 퍼졌고, 우리 한국 사회에도 무의식적으로 영향을 주었습니다.

제국주의 시대에 등장한 우월한 인종과 열등한 인종이 따로 있다는 '사회진화론'은 오늘날 수많은 편견을 낳았습니다. 우리 사회에 혐오와 증오를 불러일으키는 배경이 되었죠. 여러분은 어떻게 생각하나요? 혹시 나는 다른 인종에 갖고 있는 편견이 없나요?

아니, 인종이 아니더라도 같은 교실에 있는 친구나 길을 가는 다른 사람, 그리고 인터넷에서 누군가를 혐오하거나 증오한 적은 없었나요? 눈을 가리고 코끼리를 만지면 부위별로 다른 사물을 이야기하듯이 편견과 일반화의 오류는 세상을 잘못 바라보게 할 수도 있습니다. 세상을 바라볼 때 편견 없이 있는 그대로를 받아들이려는 마음이 필요하지 않을까요?

소리 없는 전쟁

자! 퀴즈를 한번 내보겠습니다. 우리나라는 국민에게 주권이 있는 민주주의 국가입니다. 그러면 민주주의의 반대는 무엇일까요? 혹시 사회주의나 공산주의라고 생각하나요? 그렇다면 오늘날 사회주의나 공산주의를 대표하는 국가는? 네 맞습니다. 북한입니다. 그러면 마지막 질문. '북한'의 정식 국가명은 무엇일까요? 북한의 정식 명칭은 '조선민주주의인민공화국'입니다. 앗! 이상한 점이 있네요. 북한의 국호에 민주주의가 들어가 있습니다. 북한은 정치적으로는 민주주의를, 사회·경제적으로는 공산주의를 채택했지만, 사실상 민주주의가 아닌 독재 체제를 유지하고 있죠.

민주주의, 사회주의, 공산주의… 정말 뭐가 뭔지 모르겠고 복잡하죠? 제2차 세계대전이 끝난 뒤 20세기는 냉전의 시대로 이념 갈등이 최고조인 시기였습니다. 냉전은 세계대전과 같은 무력 전쟁은 일어나지 않지만 뒤에서 이념 간 소리 없는 전쟁이 일어난 시

냉전의 중심이었던 미국과 소련

대입니다. 미국 중심의 자유주의 진영과 소련 중심의 공산주의 진영 간에 대립이 일어났죠. 자! 지금까지 나온 개념을 정리하고 넘어가보도록 하겠습니다. 민주주의, 자유주의, 사회주의, 공산주의는 무엇이고 어떤 배경으로 등장했는지 함께 알아봅시다.

국가의 모든 권력이 단 한 명에게 집중되던 시대가 있었습니다. 바로 16세기부터 시작된 절대왕정 시기였죠. 왕은 신에게 권한을 물려받았다는 왕권신수설로 모든 권한을 행사했습니다. 그런데 17~18세기에 어떤 권력자로부터 받는 부당한 지배나 억압, 차별, 방해 등으로부터 해방을 추구하는 자유주의가 퍼져 나갔고, 절대왕정의 부당함을 주장하며 영국의 명예혁명, 미국의 독립전쟁, 프랑스혁명 등이 일어났습니다. 그 결과 왕이 갖고 있던 권력이 국민들에게 돌아가면서 국민에게 주권이 있다는 민주주의가 형성되기 시작합니다.

절대왕정이 무너지고 민주주의가 자리를 잡아가던 18세기 말 영국에서는 산업혁명이 시작되었습니다. 자유주의의 영향으로 생산수단을 개인이 가지고, 이윤 획득을 위해 상품을 생산하는 자본주의 경제체제가 자리 잡게 되었습니다. 하지만 개인이 생산수단을 가진 자본주의 경제는 점차 빈부격차라는 사회문제를 낳게 되었고, 국가가 경제에 개입해 이익을 공정하게 분배해야 한다는 초기 사회주의가 나타났습니다. 이후 마르크스는 초기 사회주의보다 더 진보적인 모든 사람이 노동의 혜택을 공유하고 주 정부가 모든 재산과 부를 통제하는 계급 없는 사회를 만들자는 공산주의의 기원을 형성했습니다.

산업혁명의 결과 인류의 역사는 급변했고 이러한 변화에 대응하기 위해 다양한 사상이 등장한 것이죠. 이런 사상들이 전 세계에 퍼지고 이념 갈등이 시작하게 된 배경은 제1차 세계대전입니다. 19세기부터 형성된 제국주의는 20세기 초 더 이상 점령할 식민지가 없게 되자 열강끼리 대립하면서 제1차 세계대전을 초래했죠. 이 혼란은 제2차 세계대전까지 이어졌습니다. 이 시기에 미국에서는 자유주의를 바탕으로 국가를 발전시켰고, 러시아에서는 레닌이 사회주의 혁명을 일으킨 후 공산주의를 채택해 소련이 탄생했습니다.

미국 중심의 자유주의 진영과 소련 중심의 공산주의 진영은 자신의 이념을 다른 나라에 퍼뜨리고 세계의 패권을 잡고자 했습니다. 그 결과 6·25 전쟁, 중화인민공화국(중국) 수립, 중화민국(대만) 수립, 쿠바 미사일 사태 등 냉전으로 인한 갈등이 일어났습니다. 이처럼 제국주의에서 비롯된 세계의 혼란은 이념 갈등을 폭발시켰고, 제2차 세계대전이 끝났을 때부터 1991년 소련의 해체까지 세계는 냉전이라는 분쟁의 시대를 거치게 되었습니다.

공산주의 국가의 몰락과 냉전의 해체로 이념 갈등도 끝이 난 걸까요? 안타깝게도 미국과 중국의 새로운 패권 전쟁, 한반도의 남북 분단 등 세계는 여전히 냉전의 잔재가 남아 있습니다. 그렇다면 오늘날 우리에게 이념 갈등이 주는 의미는 무엇일까요? 사람마다 생각이 다르듯 국가도 나름대로 이념을 채택했습니다. 하지만 각자의 이념만 주장하다가 결국 냉전이 일어났고, 지역마다 갈등과 분쟁이 벌어졌습니다. 이제 세계는 평화와 공존을 위한 논의가 필요하다고 느끼며 함께 갈등을 극복하고자 노력하고 있습니다. 여러분도 나와 다른 생각을 가진 친구를 만났을 때 어떤 태도를 갖는 것이 지혜로운지 생각해보길 바랍니다.

토론거리_17

국가의 정책에는 개인의 자유를 중시하는 자유주의와 사회 공동의 이익을 중시하는 사회주의가 대립하고 있는데요. 여러분은 두 사상 중 어떤 것을 더 지향하시나요?

대화의 수준을 끌어올리는; 똑똑이 아이템

보수와 진보? 좌파와 우파?

21세기 대한민국 정치의 키워드를 뽑자면 좌·우 갈등이라 할 수 있습니다. 그런데 좌파와 우파? 보수와 진보? 이런 말들은 도대체 무슨 뜻일까요? 우선 보수는 지금의 체제를 유지하려는 것을 의미합니다. 우리나라에는 광복 후 미국의 영향으로 정착한 자유주의 정책을 유지하는 보수 세력이 있습니다. 반면, 진보란 지금의 체제를 변화시키려는 것을 의미합니다. 정부가 사회 전반에 개입해 경제 정책을 조절하고 복지 정책을 펼치자고 주장하는 진보 세력이 있습니다. 그런데 보통 보수는 우파, 진보는 좌파라고 부릅니다. 왜 그럴까요?

우파와 좌파라는 용어는 프랑스 혁명 때 등장했습니다. 1789년 혁명 과정에서 소집된 국민의회에서 의장석을 중심으로 오른쪽에는 왕당파가, 왼쪽에는 공화파가 앉았죠. 이후 루이 16세가 처형되고 왕정 체제가 무너진 1792년에 국민공회에서는 오른쪽에 부유한 부르주아를 대변하고 지방 분권과 경제적 자유주의를 주장한 '지롱드파'가, 왼쪽에는 소시민층과 민중을 지지 기반으로 삼은 '자코뱅파'가 자리를 잡았습니다. 이후부터 정치적 견해에 온건한 세력을 '우파', 급진적인 세력을 '좌파'라고 지칭하게 되었습니다.

4장

평화의
역사

1
민족 갈등과
분쟁을 해결한 역사

　태극기 앞에 서서 '국기에 대한 맹세'를 주변 어른들과 함께 해볼까요? 어? 이상한 점이 있네요. 여러분과 어른들이 알고 있는 맹세문이 다릅니다. 2007년에 맹세문 내용이 바뀌었기 때문이죠. 맹세문에서 "조국과 민족"이라는 문구가 삭제되었어요. 우리나라가 다문화 사회로 바뀌고 있어 그렇습니다. 교육부가 발표한 2019년의 기록에 따르면, 다문화 학생 비율은 전체 학생의 2.2퍼센트로 100명 중 2명에 해당됩니다. 점점 증가하고 있는 다문화 학생에게 "조국과 민족"이라는 문구는 매우 어색하겠죠. 하나의 국가 아래 다양한 민족이 섞여서 살면 갈등이 일어날 수 있다는 사실을 앞에서도 살펴보았는데요. 어떻게 하면 세계화 시대 다양한 민족들이 갈등 없이 화합하며 살 수 있을지 지금부터 역사를 통해 알아봅시다.

우리나라에 민족은 없다, 시민만 있을 뿐!

"모든 길은 로마로 통한다"라는 말이 있습니다. 과거 로마는 유럽 대륙 대부분을 차지했다고 할 정도로 엄청난 대제국을 건설했습니다. 사실 로마는 기원전 753년 조그마한 도시국가에 불과했습니다. 지금도 이탈리아의 수도 로마가 있는데요. 도시국가였던 로마가 어떻게 대제국을 건설할 수 있었을까요? 그 이유는 민족을 차별하지 않고 '시민권'을 부여했기 때문입니다.

로마가 건국된 시기에 이탈리아 중부 지역에는 라틴족의 땅을 의미하는 '라티움' 지역이 있었습니다. 이곳에서 로마를 포함한 약 30개의 도시들이 라틴 동맹을 맺었습니다. 로마는 라틴 동맹의 맹주가 되었고요. 그런데 로마의 영향력이 점차 강해지자 동맹국들은 반란을 일으켰고, 이를 진압한 로마는 동맹을 해체하고 자신들의 영토로 편입시켰습니다. 편입되지 않은 도시 국가들은 식민시로 삼았습니다. 그리고 로마 지역에 사는 사람들에게는 '로마 시민권'을, 식민지에 사는 사람들에게는 '라틴 시민권'을 부여했습니다.

로마 시민권에는 선거권, 피선거권, 상업권, 이주권, 로마에서 재판받을 권리 등 다양하고 막강한 권리가 있었습니다. 《성경》에는 로마 시민권이 얼마나 대단한 권리인지 잘 알려주는 내용이 있습니다. 사도바울이 기독교를 전파하던 도중 로마군에 체포를 당하는 일이 있었습니다. 이때 로마군이 채찍을 때리려 하자 사도

고대 유럽의 중심, 로마제국

바울은 자신이 로마 시민임을 밝혔습니다. 재판 없이 로마 시민을 고문할 수 없었기에 로마군은 사도바울을 곧바로 풀어주었습니다.

로마 시민권을 얻는 방법은 몇 가지가 있었습니다. 그중 다른 민족이 로마 시민이 될 수 있는 방법은 돈을 내거나, 공을 세우거나, 25년간 군인으로 복무하는 것이었습니다. 특히 군 복무를 마칠 경우 로마에 충성한 보답으로 직계 가족에게 시민권을 부여했는데요. 이는 로마가 제국으로 성장하는 밑거름이 되었습니다.

포에니전쟁 당시 카르타고의 장군 한니발이 로마를 공격할 때, 로마가 약해지면 식민시들이 독립을 위해 반란을 일으킬 것이라

예상했습니다. 하지만 예상과는 정반대로 로마 시민이 아닌 다른 민족들은 시민권을 획득하기 위해 로마에 끝까지 충성했고, 결국 로마는 전쟁에서 승리했습니다. 이처럼 로마 시민권은 제국 안에 다양한 민족을 하나로 통합하는 데 큰 역할을 했습니다.

다른 민족이라고 차별하거나 제한을 두지 않고 로마를 위해 힘써준다면 시민으로 인정하고 보호한다는 원칙을 고수했습니다. 로마 시민권을 획득한 사람은 누구나 로마제국의 보호를 받을 수 있었습니다. 로마제국은 어떤 민족이든 나라를 위해 봉사하는 사람을 차별 없이 포용했습니다. 로마 시민이 된 사람은 자부심과 공동체 의식을 가지고 로마의 발전에 기여했습니다. 그렇다면 로마 시민권의 역사가 오늘날 세계의 민족 갈등에 주는 의미는 무엇일까요?

💬 **토론거리_18**

2021년 국적법 일부 개정 법률안 중 영주 자격 소지자의 국내 출생 자녀에 대해 간이국적취득제도를 신설한다고 예고했는데요. 이는 국적을 '혈통'이 아닌 '정착한 사람들'에게 확대하는 것입니다. 여러분은 이 법에 대해 어떻게 생각하나요?

능력만 있다면 누구나 등용한다

751년 동쪽에서는 중국의 당나라가, 서쪽에서는 이슬람 아바스 왕조가 서로 영토를 넓혀가다가 탈라스 대평원에서 만나게 되었습니다. 이때 두 나라는 탈라스 전투를 벌입니다. '고'씨 성을 가진 고선지 장군, 귀에 익숙하지 않나요? 바로 고구려의 후예입니다. 탈라스 전투에서 패배하기는 했지만 이후 당나라에서 요직을 맡으며 군대를 통솔했습니다. 어떻게 고구려 출신인 고선지가 당나라의 장군으로 큰 활약을 할 수 있었을까요?

당나라는 지금의 중국 영토의 기틀이 될 정도로 매우 넓었습니다. 또한 실크로드를 통해 적극적으로 다른 국가나 민족과 교류도 했죠. 그러다 보니 당나라 내부에서는 다양한 민족이 어울려 살게 되었습니다. 당나라는 다른 민족들을 차별하지 않고 개방적인 태도로 대했습니다. 심지어 다른 민족 출신이라 하더라도 능력만 있다면 극진히 대우했습니다.

다른 민족의 능력 있는 사람들을 등용하기 위한 번장 제도와 빈공과도 마련했습니다. 번장 제도는 이민족 출신 군인들을 장군으로 기용하는 제도로 고선지 장군의 아버지 고사계도 번장으로 크게 출세했습니다. 덕분에 아들인 고선지 장군도 고구려 출신이지만 아버지의 지위를 이어받아 활약할 수 있었고요. 빈공과는 국가의 인재를 선발하는 과거시험 중 외국인을 대상으로 실시한 시험입니다. 당시 발해와 신라 유학생들도 당나라에 건너가 빈공과에 응시해 당나라의 관리로 임명되었습니다. 특히 신라 출신 6두품인 최치원은 당의 빈공과에 장원으로 급제했습니다. 당나라 말기 황소의 난이 일어나자 황소를 꾸짖는 〈토황소격문〉을 작성해 난을 진압하는 데 큰 공을 세웁니다. 최치원은 높은 관직과 황제로부터 자금어대(물고기 모양의 장식이 붙어 있는 주머니로 관직의 귀천을 구분함)를 하사받았습니다.

이밖에도 당나라는 다양한 세계의 문화를 수용했습니다. 국제적이고 개방적인 성격을 지닌 당나라는 상업과 무역이 발달해 전 세계의 상품이 모여드는 시장 역할을 했습니다. 그러면서 다양한 문화를 수용해 당나라만의 문화로 발전시켜나갔죠. 다른 민족 출신이라도 적극적으로 등용하고 개방적인 태도로 다양한 문화를 받아들임으로써 당나라는 역사상 주목할 만한 강대국으로 남게 되었습니다.

대화의 수준을 끌어올리는 ; 똑똑이 아이템

신라의 민족 통합 정책

우리나라는 고대에 고구려, 백제, 신라가 있었습니다. 신라는 당나라와 나당연합군을 결성해 백제와 고구려를 차례로 멸망시켰습니다. 마지막에는 당나라를 몰아내 삼국을 통일했고요. 삼국을 통일한 신라는 남아 있는 백제와 고구려 민족을 어떻게 포용하는 과제가 남았습니다. 이 문제를 해결하기 위해 신라는 지방을 9주 5소경으로 재편하고 9서당 제도를 실시했습니다.

9주란 고구려, 백제, 신라의 영토를 고르게 3개의 주로 재편한 것입니다. 고구려, 백제의 옛 지역을 차별하지 않고 고르게 통치하겠다는 의미가 담겨 있죠. 신라의 수도 경주가 국가의 동남쪽에 치우친 것을 보완하기 위해 5소경을 배치해 정치·문화적으로 소외되는 곳도 없도록 했습니다.

9서당이란 당시 신라 수도 경주를 지키는 중앙군이었습니다. 왕을 지키는 중요한 역할을 맡은 최정예 부대였죠. 신라는 통일 이후 9서당에 신라 출신뿐 아니라 고구려, 백제, 말갈족을 부대원으로 편성했습니다. 이 또한 다른 민족을 차별하지 않고 동등하게 대우하겠다는 포용 정책이 반영된 것입니다.

신라는 1,000년의 오랜 역사를 간직하고 있습니다. 통일 이후에도 다른 민족을 차별하거나 억압하지 않고 평등하게 대우하려는 노력의 결실이 아닐까요?

손에 손잡고

서울 올림픽 주제가인 '손에 손잡고'는 세계 평화와 화합을 위한 올림픽 정신을 담고 있는 명곡으로 지금도 많은 사람이 기억하고 있습니다. 올림픽은 스포츠 경기를 통해 전 세계인이 화합을 다지며 함께 어울리는 국제적 축제로 자리 잡고 있죠.

그런데 19세기 근대 올림픽이 처음 논의되었을 때는 세계 평화가 목적이 아니었습니다. 근대 올림픽을 처음 계획한 사람은 프랑스의 쿠베르탱 남작입니다. 당시 프랑스는 프로이센과의 전쟁(1870~1871)에서 패배해 극심한 침체에 빠졌습니다. 이를 해결할 방법을 그리스 스파르타의 역사에서 찾고자 했습니다. 그리스의 폴리스들은 동맹 강화를 위해 '올림피아 제전'을 열었다는 사실을 알게 되었습니다. 쿠베르탱 남작은 '프랑스 스포츠 연맹'을 조직해 프랑스 청년들의 신체를 단련하고 국민들의 사기를 증진시키기 위한 민족주의적 발상을 하게 되었죠.

19세기 말부터 제국주의 열강의 대립이 격화되고 전쟁 위기가 고조되자 '국제주의(internationalism)'가 논의되었습니다. '국제주의'는 개별 국가의 이해관계를 넘어 모든 민족·국가 간의 협조와 연대, 통일을 지향하는 사상입니다. 쿠베르탱 남작도 민족주의에서 벗어나 국제주의를 지향하게 되었습니다. 고대 그리스에서 도시국가들의 벽을 허물고 공동체의 평화와 화합을 위해 '올림피아 제전'을 열었던 역사를 통해 '올림픽'을 착안했습니다. 세계가 함께 스포츠 대회를 열어 우정과 화합을 도모하는 '올림픽'을 개최할 것을 주장했고, 그 결과 1894년 IOC를 조직해 1896년 제1회 아테네 올림픽을 개최했습니다.

올림픽을 창시한 쿠베르탱 남작은 "올림픽에서 가장 중요한 것은 승리가 아닌 참가입니다"라는 말을 남기며 세계가 화합하길 희망했죠. 올림픽의 상징인 오륜기는 세계의 결속을 상징합니다. 파란색은 유럽, 노란색은 아시아, 검은색은 아프리카, 녹색은 오세아니아, 빨간색은 아메리카 다섯 대륙을 가리킵니다. 참고로 각 대륙을 색깔로 대표한 것은 인종차별적 요소가 있다는 이유로, 1976년부터는 전 세계에서 가장 많이 쓰이는 색상이라는 의미로 바뀌었습니다.

하지만 세계 평화를 위해 열린 올림픽도 세계대전과 냉전이라는 갈등을 피할 수 없었습니다. 세계대전이 일어났을 때 올림픽은 중단되었습니다. 미국과 소련이 대립한 냉전 시기에는 1980년 소련 모스크바 올림픽에 미국을 비롯한 자유주의 국가들이 불참했고, 1984년 미국 로스앤젤레스 올림픽에 소련을 비롯한 공산주의 국가들이 불참했습니다. 세계 평화가 목적인 올림픽이 냉전 시기에는 반쪽 세계 대회로 개최되어 아쉬움을 남겼죠.

그런데 냉전이 끝날 무렵 세계가 데탕트 시기를 맞이하면서 1988년 서울 올림픽이 개최되었습니다. 1980년과 1984년 올림픽에서 자유주의 진영과 공산주의 진영이 서로 불참한 것과는 달리, 1988년 올림픽은 전 세계 국가가 함께 참가하는 평화의 축제가 되었습니다. 9월 17일부터 10월 2일까지 16일 동안 서울에서는 12년 만에 IOC 회원국 대부분인 160개국이 참가한 최대 규모의 올림픽이 열렸습니다. 모두가 주제곡 '손에 손잡고'를 부르며 축제를 축하했습니다.

세계 평화와 화합을 모색하는 축제인 올림픽은 경쟁과 승자를 가리기보다는 참가한 선수들의 용기와 노력에 박수를 보내고 있습니다. 2016년 리우 올림픽에서 이러한 올림픽 정신을 잘 보여 주는 일이 있었습니다. 육상 여자 5,000미터 예선에서 미국의 다고스티노가 넘어지면서 뉴질랜드의 햄블린도 함께 넘어졌습니다. 이때 다고스티노는 햄블린의 어깨를 두드리며 "일어나, 끝까지 달려야지. 우린 할 수 있어!"라고 격려했습니다. 무릎을 다쳐 주저앉은 다고스티노가 다시 일어날 때까지 햄블린은 기다렸고 마침내 결승선을 함께 통과했습니다.

토론거리_19

코로나19 대유행에 따라 도쿄올림픽은 2020년이 아닌 2021년으로 개최가 연기되었습니다. 도쿄올림픽은 사상 초유의 '무관중' 올림픽을 진행하게 되었는데요. 만약 우리나라에서 올림픽이 열렸다면 여러분은 개최하는 데 동의했을까요?

대화의 수준을 끌어올리는 ; 똑똑이 아이템

마라톤의 전설은 거짓이다?!

올림픽의 마지막 종목은 42.195킬로미터를 달리는 마라톤입니다. 그럼 마라톤의 유래에 관해 알아볼까요? 기원전 5세기 고대 그리스는 엄청난 위기를 맞이합니다. 동쪽에 페르시아제국이 엄청난 병력을 이끌고 그리스로 진격해 전쟁이 발발했기 때문이죠. 그리스의 도시국가인 아테네는 페르시아 대군을 막고자 마라톤 평원으로 출정했습니다. 치열한 전투 끝에 아테네가 승리했고, 이 기쁜 소식을 전하고자 페이디피데스는 쉬지 않고 마라톤에서 아테네까지 달려갔습니다. 아테네에 도착한 그는 사람들에게 승전보를 전한 뒤 죽었습니다. 사람들은 그를 기리기 위해 마라톤 평원에서 아테네까지의 거리인 42.195킬로미터를 달리는 마라톤 경기를 만들었다는데, 이 전설은 거짓말입니다!

근대 올림픽을 창시한 쿠베르탱 남작이 마라톤 종목에 극적인 이야기를 넣으려고 역사적 사실을 각색했는데요. 실제 역사에서는 페르시아 군대가 공격해 오자 페이디피데스가 아테네에서 스파르타로 원군을 요청하러 갔습니다. 페이디피데스는 죽지 않고 스파르타까지 갔다 왔어요. 쿠베르탱 남작이 각색한 이야기보다 더 놀라운 점은 페이디피데스가 아테네부터 스파르타까지 240킬로미터를 이틀 만에 주파했다는 사실입니다. 엄청난 체력을 가진 사나이였던 건 확실해 보입니다.

올림픽의 하이라이트, 마라톤

마라톤 평원부터 아테네까지 실제 거리는 36.75킬로미터입니다. 42.195킬로미터로 정해진 것은 1908년 런던 올림픽부터입니다. 이전에는 대충 40킬로미터 정도를 달렸다고 해요. 런던 올림픽 때 42.195킬로미터가 고정된 것은 '도란도 실격 사건' 때문이었죠. 이탈리아 출신의 도란도는 마라톤에서 1등으로 가다 350m를 남기고 힘이 들었는지 몸을 제대로 가누지 못합니다. 관계자들은 그를 부축해 결승선을 넘었고 그는 의식을 잃고 쓰러졌습니다. 그런데 다른 선수가 이의를 제기해 도란도는 실격 처리되었고 의식이 돌아온 그는 자신을 도운 임원들을 원망했다고 합니다. 이 사건으로 당시에 마라톤 경기에 대한 관심이 커졌고 이후에는 런던 올림픽의 마라톤 경기 거리가 표준이 되었다고 합니다.

2
종교 갈등과 분쟁을
해결한 역사

잉글랜드 프리미어 리그 첼시의 레전드 '디디에 드로그바' 선수를 아시나요? 우리나라에서는 '드록신'이라 불릴 만큼 엄청난 활약을 했는데요. 그가 위대한 이유는 실력뿐만 아니라 코트디부아르에서 일어난 전쟁을 멈췄기 때문입니다. 아프리카 중서부에 위치한 코트디부아르는 남과 북으로 종교 세력이 분열되어 내전이 일어났습니다. 코트디부아르 축구 국가대표선수인 디디에 드로그바가 독일 월드컵 본선 진출을 확정 짓자 TV 생중계에서 무릎을 꿇고 "일주일만 전쟁을 멈춰달라"라고 호소했죠. 그의 울림에 정부군과 반군은 일주일 간 서로를 공격하지 않고 평화를 논의했습니다. 일주일 후 또다시 총성이 오갔지만, 2006년 독일 월드컵이 열린 한 달 동안 다시 휴전했고, 2007년 평화 협정으로 내전은 끝났습니다.

기독교에서도 인정한 이슬람 영웅 살라딘

중세 유럽은 기독교로 시작해 기독교로 끝날 만큼 모든 것이 기독교 교리에 따라 운영되었습니다. 이성보다는 교리가 앞서던 시대였죠. 다른 종교를 믿는 사람은 이교도이므로 지옥에 가는 존재로 생각했습니다. 그런데 14세기 이탈리아 작가 단테가 쓴 《신곡》에 특이한 부분이 나옵니다. 《신곡》은 단테가 지옥과 연옥 그리고 천국을 여행하는 이야기를 다룬 작품인데요. 이 작품에서 이슬람교의 창시자 무함마드는 가장 깊숙한 지옥에서 끔찍한 형벌을 받는 것으로 묘사되었습니다. 반면 이슬람 세계에서 영웅으로 추앙받는 살라딘은 림보(Limbo)에서 어떠한 형벌도 받지 않는다고 묘사되어 있습니다. 다른 종교의 지도자가 지옥에서 벌을 받지 않는 이 부분은 기독교 세계관에서 매우 특이한 점입니다. 기독교 세계에서도 살라딘을 영웅으로 인정하고 있는 것을 알 수 있습니다. 과연 살라딘은 어떤 인물이었기에 기독교와 이슬람 두 종교세계에서 영웅으로 인정받았던 것일까요?

역사에서 살라딘이 등장한 시기는 제1차 십자군 원정 이후입니다. 11세기에 이슬람 세력은 기독교의 성지 예루살렘을 점령하고 동로마제국을 압박했습니다. 동로마제국의 황제가 가톨릭 교황에게 도움을 요청했고, 교황 우르반 2세는 유럽에 있는 기독교도들에게 군대를 모아 성지를 탈환해야 한다고 주장했습니다. 그렇게 해서 조직된 제1차 십자군은 예루살렘을 점령했습니다.

기독교와 이슬람 세계의 충돌, 십자군 전쟁

　이때 십자군의 침입을 받은 이집트의 이슬람 파티마 왕조는 시리아의 장기 왕조에 도움을 요청했습니다. 1163년 장기 왕조의 지도자 누레딘은 살라딘의 숙부 시르쿠와 살라딘을 파티마 왕조에 파견했습니다. 실권을 잡고 재상이 된 살라딘은 파티마 왕조의 국왕이 후계자 없이 죽자 통치권을 확보해 아이유브 왕조를 열었습니다. 그는 영토를 확장해 이슬람 세력을 통일시켜나갔습니다.

　이슬람 세계를 통일한 살라딘의 다음 목표는 예루살렘이었죠. 1187년 하틴전투에서 기독교 세력에 크게 승리한 살라딘은 예루살렘을 함락했습니다. 예루살렘을 점령당한 기독교도들은 모두 죽음을 예상했습니다. 예전에 기독교 세력이 예루살렘을 탈환했을 때도 이슬람교도들을 무자비하게 학살했기 때문이죠. 하지만 살라딘은 교섭을 통해 일정 금액을 받는 대신 예루살렘에 있는 기독교도들이 무사히 빠져나갈 수 있도록 약속합니다. 그래도 기독교도들은 살라딘이 약속을 지키지 않을까 두려움에 떨었습니다. 당시 기독교도들은 이슬람교도를 인간이 아닌 짐승처럼 여겼거든요. 하지만 살라딘은 자신의 군대를 엄격하게 통솔해 7,000명의 주민들이 예루살렘에서 빠져나갈 때까지 길을 터주었습니다.

살라딘의 예루살렘 점령은 교황에게 큰 충격을 안겨주었습니다. 교황 그레고리오 8세는 성지 탈환을 목표로 유럽 각 군주들에게 십자군을 호소합니다. 이에 응답해 잉글랜드의 사자왕 리처드와 프랑스의 필리프 2세 등 국왕들이 참전했습니다. 제3차 십자군(1189~1192)은 십자군 역사상 가장 훌륭한 지도자인 사자왕 리처드가 통솔한 대규모 원정이었습니다.

하지만 이슬람에도 위대한 지도자 살라딘이 있었죠. 두 영웅은 여러 차례 전투를 벌였고 야파전투에서는 리처드가 싸우다가 낙마하자 살라딘은 자신의 말을 보내며 "고귀한 사람은 그렇게 땅에서 싸우면 안 된다"라고 전했습니다. 리처드가 열병에 걸렸을 때는 약과 얼음을 보내 상대를 존중하는 모습을 보였죠. 이때 프랑스의 필리프 2세가 잉글랜드 리처드의 동생 존과 협약을 맺어 리처드를 몰아낼 계획이 알려졌고, 사자왕 리처드는 다시 잉글랜드로 돌아갈 수밖에 없었습니다.

리처드는 살라딘의 예루살렘 점령을 인정하고 휴전협정을 맺었습니다. 이 협정이 바로 '야파조약'으로 예루살렘은 이슬람의 영토이고 서쪽 지중해 일대는 기독교 국가가 다스린다는 내용이었습니다. 그런데 이 협정에는 기독교 순례자의 예루살렘 방문을 허락한다는 내용이 있었습니다. 예루살렘은 이슬람교의 성지기도 합니다. 자신들의 종교 성지에 다른 종교의 출입을 허락한 것입니다. 이러한 일화가 유럽에 퍼지면서 살라딘은 문명의 화해자로 오늘날까지 전해져오고 있습니다.

 토론거리_20

성스러운 전쟁이라고 평가된 십자군 전쟁은 종교적 요인뿐만 아니라 당시 지배층의 권력과 이익을 위한 전쟁이기도 했는데요. 그렇다면 과연 진짜 성스러운 전쟁이라 평가할 수 있을까요?

대화의 수준을 끌어올리는; 똑똑이 아이템

알려지지 않은 십자군

1096년 예루살렘을 회복하고자 십자군 원정이 시작되었고, 역사학자들은 이를 제1차 십자군이라 불렀습니다. 그런데 제1차 십자군 이전에 이미 원정을 떠났던 사람들이 있었습니다. 바로 '군중 십자군'입니다. 1095년 클레르몽 공의회에서 교황 우르반 2세는 "예루살렘, 안티오크, 그 밖의 도시들에서 기독교도가 박해를 받고 있다. 신을 믿지 않는 튀르크인들의 진출은 그칠 줄 모르고 이미 일곱 차례나 기독교도를 격파하고 콘스탄티노폴리스로 다가오고 있다. 성지의 형제들을 구하라. 서유럽의 기독교도들이여. 지위가 높든 낮든, 재산이 많든 적든, 근동의 기독교도의 구원에 힘써라. 하나님은 그대들을 인도하실 것이다. 하나님의 정의를 위해 싸우다 쓰러지는 자는 죄 사함을 받으리라"라고 연설했습니다. 교황은 사람들에게 십자군에 참가하면 죄 사함을 받아 천국에 갈 수 있다는 희망을 주었습니다.

이때 피에르라는 사람이 군중들에게 십자군에 참여해야 한다고 선동했고, 4만 명의 군중이 예루살렘을 향해 진군했습니다. 하지만 통솔하는 지도자도 없는 군중들이었고, 예루살렘이 어디인지도 모른 채 행군했다고 합니다. 진군 도중 예수를 죽인 민족으로 여겨 유대인을 학살했습니다. 헝가리와 동로마에서도 횡포를 부리자, 오히려 같은 기독교 세력의 공격을 받아 이슬람과 싸우기도 전에 1만 명이나 죽게 되었습니다. 동로마 황제는 '군중 십자군'을 골칫덩어리로 여겨 황급히 예루살렘 지역으로 돌려보냈습니다. '군중 십자군'은 이슬람 세력의 상대가 될 수 없었고 결국 궤멸되었습니다. 이때 살아서 돌아 온 자는 3,000명 정도라고 합니다.

'군중 십자군' 사건이 지나가고 전쟁이 본격화된 13세기 초에 프랑스 북부 지역에 살던 에티엔이라는 양치기 소년이 왕에게 편지를 전하겠다며 길을 떠났습니다. 편지는 하나님이 성지를 회복하라는 계시를 주었다는 내용이었고, 이 사실이 퍼져 나가자 에티엔을 따르는 수많은 소년이 생겼습니다. 십대 소년들 3만 명 정도가 모여 십자군 원정을 떠나게 되었는데요. 이때 '소년 십자군'은 예루살렘에 가기 위해 배를 빌려 타게 되었죠. 그런데 배의 주인은 '소년 십자군'을 예루살렘으로 데려간 것이 아니라 북아프리카 지역에 노예로 팔아넘겼습니다. 이 사실을 안 로마 교황이 이슬람 세력에 요청해 700여 명의 소년이 돌아올 수 있었지만, 안타깝게도 남은 소년들은 고향에 돌아올 수 없었습니다.

한 손에는 칼! 한 손에는 코란!

이슬람교 하면 떠오르는 이미지 중에 '테러리스트'가 있습니다. 실제로 21세기 테러 사건의 중심에는 이슬람 극단주의자들이 있습니다. 이와 함께 "한 손에는 칼! 한 손에는 코란!"이라는 말이 떠오르는데요. 기독교 세력과 이슬람 세력이 십자군 전쟁 등 분쟁을 일으켰을 때, 기독교 세력에서 이슬람교는 자신들의 신을 믿지 않으면 칼로 죽이다는 이야기를 하면서 이 말이 나오게 되었습니다.

하지만 실제로 이슬람 국가들은 다른 민족과 종교에 관용적인 태도를 보입니다. 대표적인 예가 '지즈야'입니다. 지즈야는 이슬람 세력이 점령한 지역에서 사람들이 이슬람교로 개종하지 않고 기존의 종교를 유지할 때 부과하는 세금입니다. '지즈야'만 내면 다른 종교를 믿는 사람들을 크게 간섭하지 않고 그들의 종교를 존중했습니다.

그렇다면 "한 손에는 칼! 한 손에는 코란!"과 같은 공포의 이미지는 왜 생긴 걸까요? 우선 이슬람교에서는 '지하드'라 불리는 종교적 의무가 있습니다. 지하드는 '성스러운 전쟁'으로 번역되는데요. 이는 신앙을 위해 목숨을 바쳐 싸운다는 말입니다. 여기서 지하드는 무력만이 아닌 평화적인 방법을 사용할 수도 있습니다. 하지만 가끔 극단적인 이슬람 세력들이 무력을 통해 지하드를 수행하는 경우가 있어 공포의 이미지가 생긴 것입니다. 실제 대다수의 이슬람교도는 관용과 포용의 정책을 실시했습니다.

포용 정책으로 대제라 불린 악바르

인도는 인구수 세계 2위 국가로 13억 명 이상의 사람들이 살고 있습니다. 가장 많은 인도인이 믿는 종교가 무엇인지 알고 있나요? 바로 힌두교입니다. 힌두교는 인도의 고유 종교들을 포섭하며 형성되었고 4세기 굽타왕조의 보호를 받으며 성장했습니다. 현재 인도 국민의 80퍼센트 이상이 힌두교를 믿고 있습니다. 그밖에 이슬람교가 10퍼센트, 기독교와 시크교가 각 2퍼센트의 비율을 차지하고 있죠. 인도의 거의 모든 국민이 힌두교를 믿고 있는 것이나 마찬가지입니다.

현대의 인도 정부가 수립되기 전 인도의 마지막 왕조는 무굴제국이었습니다. 무굴제국은 이슬람을 국교로 삼은 나라로 16세기 초부터 19세기 중반까지 인도 지역을 다스렸습니다. 그런데 의아한 점이 있어요. 이슬람을 국교로 삼은 무굴제국이 300년 동안 인도를 지배했는데, 어떻게 이슬람교가 아닌 힌두교 신자가 훨씬 많은 걸까요? 그것은 무굴제국의 전성기를 맞이한 악바르 대제의 포용 정책 때문입니다.

무굴제국의 제2대 황제 후마윤이 사고로 죽자 아들인 악바르가 13살의 어린 나이에 왕위에 올랐습니다. 즉위 초기에는 바이람 칸이라는 훌륭한 신하 덕분에 제국이 안정됩니다. 악바르가 성인이 되자 자기 힘으로 통치하기 시작했고 점차 영토도 확장했습니다. 당시 인도 지역은 힌두교를 믿는 토착 세력이 자리를 잡고 있었습니다. 악바르 대제는 이들을 무굴제국에 편입해나갔죠. 이때 힌두교 왕국의 공주 마리암 우즈 자미니를 왕비로 맞이했는데요. 결혼한 뒤에도 그녀가 이슬람으로 개종하지 않고 힌두교를 믿는 것을 존중합니다. 이 일화가 인도에서 영화로 제작되기도 했는데요. 바로 〈조다 악바르〉입니다. 부인의 종교를 허용했듯이 악바르 대제는 힌두교를 포용하는 정책을 펼칩니다.

이슬람 왕조는 점령한 지역의 사람들이 힌두교가 아닌 종교를 믿으면, '지즈야'라는 세금을 부과하는 대신 그 종교를 허용합니다. 악바르 대제는 더 나아가 점령 지역의 힌두교도들에게 '지즈야'를 부과하지 않고 그대로 존중하는 모습을 보입니다. 심지어 이슬람교로 개종했던 힌두교도들이 다시 힌두교로 개종해도 되는 법까지 발표했습니다. 게다가 인도 지역의 시크교의 지도자를 만나 가르침을 받는 등 자신이 직접 다른 종교를 인정하고 존중하는 모습을 보여주었습니다.

악바르 대제는 다른 종교를 존중하고 포용하는 정책 덕분에 넓은 제국을 안정적으로 통치할 수 있었고, 다른 종교 세력의 지지를 받게 되었습니다. 그래서 오늘날 인도에 고유의 종교 힌두교가 유지될 수 있었던 것이죠. 악바르 대제의 역사는 오늘날 다른 종교를 인정하지 않아 일어나는 갈등과 분쟁에 어떤 교훈을 줄까요?

💬 토론거리_21

이슬람교 여성들은 물놀이를 할 때, 교리에 따라 신체를 가릴 수 있는 수영복 '부르키니'를 착용합니다. 하지만 프랑스에서는 1905년에 제정된 라이시테법에 따라 공공장소에서 종교적 중립성을 지켜야 한다며 '부르키니' 착용을 금지하고 있는데요. 여러분은 어떻게 생각하나요?

우리가 과연 기독교도가 맞는가?

1517년 10월 31일 독일 비텐베르크 교회 정문에 세상을 놀라게 할 문서가 붙었습니다. 가톨릭교의 부정부패를 비판한 루터의 95개조 반박문이었죠. 이 사건을 계기로 기독교는 구교인 가톨릭교과 신교인 개신교로 분열되었습니다. 이때 알프스 이북의 상공업이 발달한 지역에서는 가톨릭교 지배에 부당함을 느껴 개신교를 지지했습니다.

이렇게 유럽은 구교와 신교를 믿는 국가 또는 지역으로 분열됩니다. 1617년 가톨릭교도인 페르디난트가 보헤미아의 왕위에 올라 가톨릭 신앙을 강요하자, 보헤미아와 오스트리아의 프로테스탄트 귀족들이 반란을 일으키면서 전쟁이 시작됩니다. 주변에 구교와 신교 세력이 차례로 전쟁에 참여하면서 무려 30년 동안 전쟁이 계속되었는데요. 30년 동안 구교와 신교는 서로의 존재를 부정하는 것을 넘어 악마의 종이라 여겨 거리낌 없이 살육을 저질렀습니다. 이때 무기의 발달로 총이 사용되면서 그 희생이 더욱 컸습니다. 종교 갈등으로 시작된 전쟁은 유럽 내 영토를 확장하려는 국가들의 정치적 성격이 더해져 점점 더 치열해졌습니다.

30년 동안 유럽 땅에 죽음의 그림자를 가져온 전쟁으로 독일 지역의 도시와 마을이 대부분 파괴되었습니다. 독일의 도시 마그데부르크는 전쟁에 휘말리자 시민 3만 명 중 단 5,000명만 살아남았습니다. 보헤미아 지방에 있던 4만 9,000개의 마을 중 6,000개 정

화기가 주력 무기로 사용된 30년 전쟁

도만 피해를 입지 않고 보존되었다고 합니다. 당시 신성로마제국 인구 3분의 1정도가 사망했을 만큼 구교와 신교의 종교 갈등은 유럽 세계에 큰 상처를 남기게 되었죠.

30년 전쟁을 목격한 어느 기독교도는 "우리가 과연 기독교도가 맞는가?"라며 동일한 하나님을 믿는 구교와 신교가 왜 이런 전쟁을 벌이고 있는지 안타까움을 토로하면서 평화를 위한 논의가 시작되었습니다. 30년 전쟁에 참여한 66개의 공국은 1648년 독일의 베스트팔렌 지방에서 더 이상 종교 분쟁이 일어나지 않도록 구교와 신교가 서로의 존재를 인정하게 되었습니다. 이후 유럽에서는 구교와 신교가 큰 갈등 없이 오늘날까지 유지될 수 있었습니다. 서로의 교리를 틀린 것이라 규정하는 순간 전쟁이 일어났고, 서로의 교리를 다른 것으로 이해하는 순간 평화가 찾아왔습니다. 이것이 30년 전쟁과 베스트팔렌조약이 남긴 역사적 교훈입니다.

3

자원 갈등과
분쟁을 해결한 역사

여러분은 친구와 식당에서 음식을 함께 먹어본 적 있나요? 사실 우리나라에서는 식당에 가서 여러 음식을 주문하고 앞접시에 덜어 먹는 문화가 낯설지 않습니다. 외국인들은 과자나 간식거리를 나누는 것을 한국인의 특징으로 꼽습니다. 음식으로 '정(情)'을 나누는 우리의 문화가 세계 자원 갈등 해결의 실마리가 될 수 있지 않을까요? 자원 분쟁은 보통 소수의 국가가 자원을 독점하면서 발생합니다. 만약 '나눔의 문화'처럼 세계의 모든 나라가 자원을 나누고 함께 발전해나간다면 어떨까요? 실제로 부족한 자원을 서로 교환하면서 함께 발전했던 역사적 사례를 살펴봅시다.

자원의 순환을 통한 발전, 차마고도

히말라야산맥은 매우 높은 고지대입니다. 여기에는 세계에서 가장 높은 산 에베레스트산도 있죠. 그리고 '세계의 지붕'이라 불리는 거대한 티베트고원도 있습니다. 티베트고원은 평균 해발고도가 4,500미터로 백두산(2,744m)보다 두 배 가까이 높은 지대입니다. 티베트의 랜드마크이자 지도자 달라이 라마의 주요 거주지인 포탈라궁도 해발고도 3,700m에 위치하고 있습니다. 포탈라궁에 관광을 가려면 비상용 산소 호흡기가 필요하다고 합니다. 그런데 어떻게 이러한 척박한 환경에서 사람이 살 수 있었을까요? 그것은 필요한 자원을 교환했기 때문입니다.

티베트 지역 사람들에게 꼭 필요하지만 얻기 힘든 영양소가 있었습니다. 바로 비타민이었죠. 비타민은 우리 몸에서 충분한 양을 생산할 수 없기에 음식 섭취가 필요합니다. 하지만 티베트고원에서는 비타민을 얻을 수 있는 작물을 찾아보기 힘들었습니다. 그래서 티베트인들은 비타민을 얻기 위해 중국으로부터 '차(茶)'를 가져오려고 했습니다. 차는 오랫동안 보관할 수도 있었고, 티베트인들에게 필요한 비타민을 공급할 수도 있었습니다.

중국에서는 티베트 지역의 말이 기동력이 좋기 때문에 차를 주는 대신 말을 받는 물물교환을 했습니다. 중국은 농업 국가로 고대로부터 북방 유목 민족의 침입을 받아왔는데, 이를 물리치려면 우수한 말이 필요했습니다. 이렇게 중국과 티베트는 서로 필

티베트의 포탈라궁

요한 것을 교환하며 발전해나갔습니다. 중국의 차와 티베트의 말이 오가던 길을 차마고도(茶馬古道)라고 부르게 되었고, 기원전 2세기부터 오늘날까지 이 길을 이용해 중국과 티베트는 교류를 하고 있습니다.

자원을 둘러싸고 분쟁과 갈등이 일어나는 오늘날, 차마고도의 오랜 역사는 자원의 순환을 통한 발전이라는 실마리를 제시하고 있습니다. 이처럼 자원의 교류는 인류 발전에 꼭 필요한 요소입니다. 지구의 공기가 순환해야 생명이 살 수 있듯이, 자원도 한곳에 머무르지 않고 평화적으로 순환할 수 있다면 얼마나 좋을까요?

대화의 수준을 끌어올리는 ; 똑똑이 아이템

녹차=우롱차=홍차=보이차?

오늘날 한국인의 필수 기호 식품 '커피'와 함께 가장 많이 마시는 음료가 바로 '녹차'인데요. 우리나라에서도 흔히 재배되는 녹차! 녹차를 파는 상점에 가면 우롱차와 홍차도 함께 파는 모습을 쉽게 볼 수 있습니다. 그런데 혹시 녹차와 우롱차, 홍차가 모두 같은 찻잎에서 나온다는 사실을 알고 있었나요?

차나무는 우리나라 남부 지역에서 많이 보이는 동백나무과입니다. 이 차나무의 잎으로 가공·보관하는 방법에 따라 산화 발효 정도가 달라지면서 다양한 차가 나옵니다. 녹차는 아무런 산화 발효가 일어나지 않은 것입니다. 찻잎에 열을 가해 살청 작업 후 차를 우려 마시기 때문에 차나무 잎의 색깔을 띠고 있죠. 찻잎을 산화시키면 홍차가 됩니다. 산화 작업을 거친 찻잎은 색이 붉어지고 향이 강해지는 특징이 있어요. 우롱차는 홍차가 되기 전 산화 작업을 한 차를 의미합니다. 보이차는 미생물을 이용해 발효 작업을 거친 차입니다. 몇 년 또는 몇십 년 동안 숙성 작업을 거쳐 마시기 때문에 가격도 천차만별이죠.

특히 영국은 홍차 문화가 발달했습니다. 18세기 중국 청나라와 교류한 영국은 중국의 차 문화에 매료되었습니다. 그래서 중국의 찻잎을 수입했는데, 당시에는 배로 이동하고 냉장 보관도 할 수 없어 찻잎이 영국까지 가면서 산화된 홍차로 변했습니다. 그래서 영국인들은 녹차를 마실 수 없었고, 대신 홍차 문화가 발달하게 된 것입니다.

마을의 의미

사람에게 물은 공기와 마찬가지로 꼭 필요한 자원입니다. 음식은 3달 동안 먹지 않으면, 물은 3일 동안 마시지 않으면, 공기는 3분 동안 호흡하지 않으면 인간은 살 수 없다고 합니다. 그런데 아프리카 말리에서 안타까운 일이 반복되고 있습니다. 유목 부족과 농경 부족 사이에 물을 둘러싼 갈등이 무장 충돌과 학살, 보복의 악순환으로 이어지면서 지난해에만 수백 명이 숨지고 최소 50만 명이 피란길에 올랐습니다. 이처럼 물이 부족해 일어난 분쟁은 최근 10년 동안 세계에서 450건이 넘는 것으로 조사되었습니다. 문제는 기후변화로 물이 부족한 국가가 점점 증가하면서 인류에게 꼭 필요한 물이 자원 무기로 변하고 있다는 점입니다.

사실 우리나라도 예전에는 물을 돈 주고 사 먹는다는 일은 상상조차 하기 어려웠습니다. 우리에게 물은 언제나 함께 사용하는 것이었죠. 마을이란 뜻도 한자를 보면 알 수 있어요. 한자로 마을은 '洞'(마을 동)입니다. 한자를 풀이하면 '水'(물 수) + '同'(함께 동)으로 마을은 결국 물을 함께 쓰는 공동체를 의미합니다.

우리나라는 고대부터 농업 국가였습니다. 조선 후기에 모내기법이 도입되었을 때, 물은 없어서는 안 되는 존재였습니다. 그래서 저수지를 만들어 농업에 필요한 물을 저장했고, 지하수에서 식수를 얻기 위해 우물을 팠습니다. 우물은 마을에서도 신성한 장소인 경우가 많았는데요. 신라 건국 설화에서도 신라를 세운 박혁거

마을의 중심이 되는 우물

세가 우물가에 있던 큰 알에서 태어났고, 박혁거세의 부인 알영도 우물에서 계룡이 낳았다고 전해집니다. 우물을 신성하게 여기는 설화에서 우리는 지하수가 마르면 사람이 살 수 없어 우물을 보호하고자 하는 사람들의 마음을 알 수 있습니다.

국가에서도 우물을 매우 신경 썼습니다. 조선 태종 시기 도성에 가뭄이 발생하자 다섯 가구마다 공동 우물을 파라고 지시를 내립니다. 지방 관리가 우물의 상태와 관련해 왕에게 상소한 기록도 있습니다. 국가와 백성이 우물을 함께 관리했습니다. 우리 역사에서 우물은 백성이면 누구나 공평하게 나눠 마시는 자원이었습니다. 하늘이 내려준 소중한 자원인 물을 누구도 독점할 수 없고 모두가 누릴 수 있는 권리였죠.

누구에게나 공평했던 물이 자원 무기로 변해가는 오늘날에 위의 이야기들이 주는 의미는 무엇일까요? 오늘날 세계를 '지구촌'이라고 부릅니다. 교통과 통신의 발달로 세계가 더욱 가까워지면서 하나의 마을 같다는 말인데요. 우리나라에서도 마을 공동체가 우물이라는 자원을 함께 나누었던 것처럼 지구촌도 다투지 않고 자원을 함께 나눌 수 있는 방법은 없을까요?

토론거리_22

우리나라는 에너지 자원이 부족해 수입에 의존하고 있습니다. 안정적인 자원 수입을 위해 자원이 있는 국가에 공공시설물을 건설해주고 기술력을 전파하는 등 원-윈 전략을 사용하고 있는데요. 이처럼 평화적으로 자원 문제를 해결할 수 있는 방안에는 무엇이 있을까요?

미래에 화성은 어느 나라의 것이 될까?

2021년 7월 11일 영국의 억만장자 리처드 브랜슨 버진 그룹 회장이 첫 민간 우주 관광 비행에 성공했다는 소식이 전해졌습니다. 이제 우주로 관광을 가는 시대가 시작되었습니다. 우주여행을 추진하는 한 회사에서 내놓은 2~3억짜리 여행 티켓을 이미

600명 정도가 예매한 상태라고 합니다. 인류의 과학기술이 발전할수록 미지의 세계인 우주도 개척되고 있는 것이죠. 그런데 공상과학소설처럼 우주산업이 발달해 화성 같은 행성에 도시를 만들 수 있다면 어떤 일이 벌어질까요? 과연 그 행성은 어느 나라의 것이 될까요?

과학기술은 매우 빠르게 발전하고 있기 때문에 이러한 상상은 멀지 않은 미래에 현실이 될 수도 있습니다. 새로운 세상에는 새로운 법과 질서가 필요합니다. 아노미 상태에서는 세계가 혼란을 겪고 분쟁과 갈등이 일어납니다. 그래서 미지의 우주를 개척하기 전에 세계는 평화를 위한 논의가 필요합니다.

20세기 인류가 지구의 마지막 미지의 세계를 정복했을 때, 원만하게 분쟁을 해결한 일이 있었습니다. 바로 남극조약이죠. 남극은 매우 추운 극지방으로 인간이 갈 수 없는 미지의 세계였습니다. 1775년 영국의 제임스 쿡이 처음으로 남극권에 도달한 이후 1911년 12월 노르웨이 탐험가 아문센이 남극점을 정복할 때까지 남극은 사람들에게 알려지지 않았습니다. 제2차 세계대전 이후 과학기술이 발달하면서 미국의 주도로 남극 대탐사가 시작되었고 이로써 남극의 해안선이 밝혀졌습니다.

남극이 알려지고 정복되면서 남극을 둘러싼 영유권 문제가 생겨났습니다. 남극을 일찍부터 탐험한 영국, 노르웨이, 프랑스와 남극의 인근에 위치한 남반구 국가들은 서로 남극을 자신의 영토라고 주장했습니다. 이들의 갈등은 1908년 영국이 남극에 대한 영유권을 주장한 이후 시작되었습니다. 서로 남극에 기지를 건설하고 남극을 점령해나갔죠. 제국주의 시대에 세계가 강대국에 의해 나뉜 것처럼 남극도 소수의 국가들에 의해 케이크 조각처럼 잘리게 되었습니다.

하지만 남극의 영유권 분쟁은 제2차 세계대전을 겪으면서 변화가 생겼습니다. 양차 세계대전을 겪으며 인류는 엄청난 피해를 입었는데요. 그래서 1957년부터 1958년까지 세계가 공동으로 지구를 연구한 '국제지구관측년' 기간에 남극을 국제 협력을 통해 공동으로 조사하자는 움직임이 일어났습니다. 자원 분쟁이나 영토 분쟁을 미리 방지하고 평화적으로 문제를 해결하자는 것이었죠.

1959년 12월 1일 남극에 영유권을 주장하는 12개국이 미국에 모여 평화를 위한 '남극조약'을 체결했습니다. 조약 내용은 남극에 대해 어떠한 영유권도 인정하지 않고, 남극은 평화적으로만 사용할 수 있으며, 남극의 모든 자원은 채굴하지 않고 연구용으로만 사용한다는 내용이었습니다.

이후 각 나라는 남극에 과학 기지를 건설해 과학 탐사를 실시하고 있습니다. 우리나라도 1986년 남극조약에 가입한 이후 1988년 남극세종과학기지를 건설해 연구에 참여하고 있습니다. 남극에 있는 세계의 과학 기지들은 함께 지구의 기후변화, 해양, 대기 등을 연구하고 남극의 보호를 위해 힘쓰고 있습니다. '남극조약'

남극에 위치한 과학 기지

의 역사는 오늘날 자원 분쟁뿐만 아니라 미래의 자원 분쟁에 평화를 위한 열쇠가 될 수 있지 않을까요?

 토론거리_23

1975년 러시아가 스푸트니크 위성을 발사한 뒤 1만 개가 넘는 위성이 발사되었습니다. 그 결과 현재 우주에는 10cm 이상의 '우주 쓰레기'가 약 2만 6,000개에 이른다고 합니다. 앞으로 계속 생길 우주 쓰레기를 어떻게 해결할 수 있을까요?

북극곰의 눈물

　지구온난화가 지속되면서 북극의 빙하가 빠르게 녹고 있습니다. 그러면서 북극에 사는 북극곰들은 점차 살 공간이 줄고 먹이가 없어지면서 눈물을 흘리고 있습니다. 북극곰의 시련에 더해 더욱 안타까운 일이 일어나고 있습니다. 남극의 경우 '남극조약'을 통해 세계가 평화롭게 남극을 공유하며 과학 연구 목적으로만 이용하고 있습니다. 반면, 북극은 최근 인접한 나라들이 영유권을 주장하며 서로 개발하려 하고 있는데요. 지구온난화로 북극 빙하가 녹으면서 바닷길 이용이 가능해지고, 그동안 숨겨져 있던 자원들이 발견되었기 때문입니다. 경제적 이익을 차지하고자 각 국가는 북극 땅에 자신들의 언어로 지명을 붙이고 개발에 착수하고 있습니다. 심지어 러시아는 2007년 8월 잠수함을 이용해 북극점 바닥에 티타늄으로 만든 국기를 심어두었습니다. 북극의 영유권을 둘러싸고 분쟁이 심해지자 북극에 국경이 닿은 5개국은 2018년 '북극 경계에 관한 질서 있는 해결'에 서명하고 함께 평화를 위해 노력하자고 결의했는데요. 과연 남극에 평화가 찾아온 것처럼 북극에도 평화가 찾아올 수 있을까요?

4
세계 평화의 씨앗

　여러분은 살면서 나의 행동으로 피해를 입은 친구에게 사과를 해본 적이 있나요? 나의 잘못을 인정하고 상대방에서 용서를 구하는 것은 매우 어려운 일이므로 큰 용기가 필요합니다. 세계도 분쟁의 역사가 지속되어왔습니다. 이 과정에서 잘못된 이념을 가져 차별과 분쟁 그리고 전쟁까지 일어나게 되었죠. 갈등의 역사로 큰 피해를 입은 인류는 같은 잘못이 반복되지 않도록 평화와 화합을 위해 노력하고 있습니다. 다양한 이념을 포용하고 잘못된 행동을 반성하고 평화와 화합을 위해 노력한 인물들을 통해 현재 우리가 겪고 있는 분쟁을 어떻게 평화적으로 해결할지 함께 생각해봅시다.

천 원에 퇴계 이황이 있는 이유는?

보통 각 나라의 지폐에는 위인의 얼굴을 새겨놓습니다. 우리나라도 천 원 권에는 퇴계 이황, 오천 원 권에는 율곡 이이, 만 원 권에는 세종대왕, 오만 원 권에는 심사임당이 새겨져 있습니다. 이중에 비교적 낯선 역사 인물이 있습니다. 천 원 권에 새겨진 퇴계 이황인데요. 퇴계 이황은 16세기 조선의 대학자로 성리학을 체계화하고 사단칠정(四端七情)의 이론을 정리했습니다.

성리학은 우주의 원리와 인간의 본성을 탐구하는 학문입니다. 오늘날의 관점에서 보면 인간의 본성과 우주의 원리가 뭐 그리 중요할까 의문이 들 수도 있는데요. 당시에는 성리학의 원리가 조선과 주변국의 관계, 군주와 신하의 관계, 양반과 평민의 관계를 구분 짓고 지배층을 정당화하는 매우 중요한 철학이었습니다. 오늘날 세계가 국가 정책의 방향을 자유주의적으로 잡을지 사회주의적으로 잡을지 고민하는 것과 같습니다.

이황이 58세에 성균관 대사성으로 재직할 때 한 통의 편지를 받습니다. 편지는 이황이 정립한 성리학의 원리가 잘못되었다고 비판하는 내용이었습니다. 성균관 대사성은 오늘날로 치면 서울대 총장 정도의 위치였습니다. 이러한 대학자의 이론을 비판한 사람은 이제 막 과거에 급제한 32살의 기대승이었습니다. 기대승은 왜 이러한 편지를 보낸 걸까요? 그리고 편지를 받은 이황은 어떻게 대응했을까요?

1558년 10월 기대승은 막 과거에 급제한 뒤 평소 존경하던 이황에게 가르침을 받고자 찾아왔습니다. 한참을 대화하던 중 이황은 깜짝 놀라게 되었습니다. 당시 성리학에는 인간의 마음을 어떻게 볼 것이냐에 관한 사단칠정(四端七情) 논쟁이 있었는데요. 기대승은 이 어려운 개념과 관련해 거침없이 자신의 생각을 풀어놓았습니다. 이황도 자신의 생각을 이야기했죠. 토론을 마친 기대승은 고향에 돌아가 곰곰이 생각해보니 이황의 의견에 반박할 부분이 있어 편지를 보낸 것입니다. 여러분이라면 이 편지에 어떻게 답장을 했을 것 같나요?

당시 이황은 대학자이고 기대승은 이제 막 신출내기 관리가 된 청년이었습니다. 보통은 대학자의 권위에 도전한 청년을 좋게 보지는 않았을 겁니다. 하지만 이황은 자신보다 한창 어린 후배에게 자신의 이론에서 부족한 부분을 인정하며 오히려 그를 칭찬했습니다. 이황과 기대승은 이후로도 편지를 주고받으며 사단칠정에 대해 토론했습니다. 이황은 기대승의 질문과 생각에 성심성의껏 답장을 보냈습니다. 편지를 곧바로 기대승에게 보내지 않고 이황의 제자들도 돌려 보게 했는데요. 이황과 기대승의 논쟁을 보면서 제자들도 함께 토론에 참여할 수 있게 한 것입니다. 이황은 69세의 나이로 죽기 전까지 8년 동안 120여 통의 편지를 기대승과 주고받으며 사단칠정 논쟁을 정립해나갑니다. 덕분에 중국과 일본과는 다른 조선만의 성리학 체계를 만들 수 있었습니다.

오늘날에는 인터넷 공간에서 이념과 사상의 대립이 매우 심해지고 있습니다. 정치적으로는 보수와 진보 간의 갈등, 사회적으로는 젠더 갈등이나 혐오의 표현이 난무하죠. 문제는 혐오와 증오의 모습만 있을 뿐 화합과 발전의 목소리를 찾기가 힘들다는 점입니다. 만약 이황도 자신과 다른 생각을 가진 기대승의 편지를 받고 혐오와 증오로 대응했다면 우리나라의 성리학은 발전할 수 없었을 겁니다. 이념의 대립과 갈등이 깊어지는 오늘날 이황과 기대승의 일화를 통해 우리의 모습을 되돌아보면 좋겠습니다.

 토론거리_24

학생이 잘못할 경우 학교에서는 학생생활교육위원회, 학교폭력심의위원회 등 사안에 따라 조치를 취합니다. 문제는 이러한 제도가 학생들의 문제에 대해 해결보다는 처벌에, 반성보다는 징계에 초점이 맞춰져 있다는 것입니다. 학교에서 학생들이 해결하고 반성을 할 수 있도록 어떤 제도가 마련되어야 할까요?

대화의 수준을 끌어올리는 ; 똑똑이 아이템

사단칠정 논쟁

성리학은 인간의 본성을 탐구하는 학문으로 인간의 본성에서 사단
칠정(四端七情)이 우러나온다고 보았습니다. 사단(四端)이란 타인의
불행을 아파하는 마음인 측은지심(惻隱之心), 잘못된 것을 수치스럽
게 여기는 마음인 수오지심(羞惡之心), 타인에게 양보하는 마음인 사
양지심(辭讓之心), 잘잘못을 가릴 수 있는 마음인 시비지심(是非之心)
을 말합니다. 칠정(七情)은 기쁠 희(喜)·화날 노(怒)·슬플 애(哀)·두려
울 구(懼)·사랑 애(愛)·미워할 오(惡)·욕심 욕(欲)의 일곱 가지 감정을
가리킵니다.

이황은 사단과 칠정이 분리되어 있다고 주장하고, 기대승은 사단과
칠정은 하나라고 주장하면서 사단칠정 논쟁이 시작되었습니다. 이들
의 치열한 토론의 결과 조선만의 고유한 성리학 이론이 정립될 수 있
었답니다.

빌리 브란트의 무릎

1970년 12월 7일 겨울비가 내리는 폴란드 수도 바르샤바의 광
장에 서독 총리 빌리 브란트가 찾아왔습니다. 폴라드와의 협상을
위해 방문한 빌리 브란트는 유대인을 학살한 전범국의 총리로서
사과하기 위해 이곳을 찾은 것이죠. 그는 유대인들의 희생을 기리

무릎을 꿇은 서독 총리 빌리 브란트의 무릎 기념비

는 추모비에 헌화하고 아무도 예상하지 못한 행동을 보입니다. 갑자기 비에 젖은 돌바닥 위에 무릎을 꿇고 추모자들을 기린 것이죠. 그는 이렇게 말했습니다. "최근 독일이 저지른 무거운 역사의 짐 아래서, 나는 인간의 말로는 표현할 수 없는 무언가를 느낄 때 하는 행동을 했습니다. 그렇게 함으로써 나는 살해당한 수백만의 사람들을 기렸습니다."

당시 언론에서는 "나치와 싸웠던 브란트는 무릎을 꿇을 필요가 없는 사람이다. 그러나 브란트는 실제 무릎을 꿇어야 함에도 불구하고 용기가 없어서 꿇지 못한 사람들을 대신해 무릎을 꿇었다"라고 보도했습니다. 어느 뉴스 앵커는 "무릎을 꿇은 것은 브란트한 사람이었지만 일어선 것은 독일 민족이었다"라고 얘기했죠. 왜 빌리 브란트에게 무릎을 꿇을 필요가 없다고 한 것일까요? 그리고 그의 행동을 통해 독일이 일어섰다는 것은 무슨 의미일까요?

빌리 브란트는 히틀러의 나치 통치에 저항하며 1933년 노르웨이로 망명했습니다. 그는 노르웨이에서 나치에 저항하는 운동을 전개하며 유럽의 평화를 위해 노력했습니다. 독일의 패전으로 제2차 세계대전이 끝나자 그는 독일로 돌아왔습니다. 당시 독일이 전쟁을 일으킨 것에 대한 책임으로 미국·영국·프랑스는 서독을, 소련은 동독을 관할했습니다. 수도 베를린은 동독 지역에 위치했기 때문에 동쪽과 서쪽으로 분열되었습니다. 냉전의 격화와 함께 베를린 가운데에 장벽이 설치되었습니다. 빌리 브란트는 당시 서베를린의 시장이었고, 장벽이 설치되는 모습을 보며 안타까움을 금치 못했습니다.

이러한 상황에서 빌리 브란트는 1969년 서독 연방 총리로 취임했고, 독일 통일을 우선 과제로 삼았습니다. 만약 여러분이 빌리 브란트였다면 통일을 위해 무엇부터 했을까요? 그는 통일을 위해 과거사를 철저히 반성해야 한다고 생각했습니다. 독일 나치가 저지른 과거의 잘못을 반성해야만 미래의 통일 독일로 나아갈 수 있다고 생각했죠. 하지만 나치 독일의 공격에 피해를 입은 동유럽 지역은 공산주의의 영향 아래에 있어 서독과는 외교가 단절된 상태였습니다. 그래서 그는 동방 정책을 실시했습니다. 동방 정책이란 공산주의인 동독과 더불어 동유럽의 국가들을 인정하고 적극적인 외교를 맺는 정책입니다.

1970년 그는 폴란드의 영토를 인정하는 조약을 맺기 위해 폴란드에 방문합니다. 그리고 나치 독일에 피해를 입은 유대인들에게 사죄하기 위해 바르샤바 광장의 추모비를 가게 되었죠. 빌리 브란트도 나치 독일에 저항한 인물이므로 누구도 그에게 사과를 요구하지 않았습니다. 하지만 독일 민족을 대표해 무릎을 꿇은 그의 행동은 전 세계에 크나큰 감동을 주었습니다. 미래의 독일을 위해 과거의 잘못을 인정하고 평화의 대화를 시작한 그는 1971년 노벨 평화상을 받았습니다.

빌리 브란트의 동방 정책과 과거에 대한 반성은 이후 독일에 큰 영향을 주었습니다. 동독과 서독은 교류가 활발해졌고, 독일은 동유럽 국가들과 수교를 맺었습니다. 빌리 브란트는 1973년 이스라엘에도 방문해 나치가 유대인에게 저지른 만행을 사죄했습니다. 평화를 위한 그의 노력은 1989년 11월 9일 베를린 장벽의 붕괴를 가져왔고, 수많은 시민이 그의 이름을 외쳤습니다. 그리고 1년 뒤 1990년 10월 3일 독일은 마침내 통일을 이룩했습니다.

통일 독일은 빌리 브란트의 소망처럼 과거를 잊지 않았습니다. 자신들의 잘못을 끊임없이 사과하고 기억하고 있죠. 독일은 나치가 유대인들을 학살한 곳에 기억의 공간을 만들고 학생들에게 과오의 역사를 교육하고 있습니다. 다시는 다른 민족·인종·집단을 차별하지 않는 법과 제도도 만들어놓았죠. 독일의 사례를 따라 다른 제국주의 국가들도 식민지 국가에 잘못을 사과하게 되었습니다.

하지만 아직도 과거 제국주의 국가가 반성하거나 사죄하지 않은 경우가 많습니다. 과거 문제가 해결되지 않아 여전히 제국주의의 잔재로 분쟁이 일어나고 있죠. 우리나라와 일본도 과거사 문제가 해결되지 않아 갈등하고 있습니다. 빌리 브란트의 무릎은 어떤 의미로 다가올 수 있을까요? 1981년 11월 3일 그가 남긴 연설입니다.

"평화가 전부인 것은 아닙니다. 하지만 평화가 없으면 어떤 것도 가능하지 않습니다."

토론거리_25

독일은 유대인 학살에 대해 철저한 사과와 배상을 하고 있습니다. 하지만 아프리카 나미비아에서 저지른 학살에 대해서는 소극적인 태도를 취하고 있는데요. 이러한 독일의 이중적인 태도는 어떻게 평가할 수 있을까요?

마틴 루터 킹 "나에게는 꿈이 있습니다!"

1955년 12월 1일, 미국 남부 앨라배마주의 몽고메리 페어 백화점에서 일을 마친 로자는 오후 6시쯤 버스를 탔습니다. 앞에도 빈자리가 있었지만 군이 뒷자리에 앉았습니다. 당시 몽고메리시에서는 '시내버스 흑백 분리법'이라는 것이 있었거든요. 이 법에 따르면 버스 앞의 네 줄은 백인 전용 칸이고 흑인은 버스 뒷자리의 유색 칸에 앉을 수 있었습니다. 만약 백인 전용 칸이 다 차면 중간의 유색 칸은 백인에게 비워줘야 했습니다. 버스가 정류장을 거치면서 점점 더 많은 사람이 타기 시작했고, 백인들이 앉을 자리가 없자 버스 기사는 유색 칸에 앉아 있떤 흑인들에게 자리를 비우라고 했습니다. 이 자리에 로자가 있었는데, 다른 세 명의 흑인은 자리를 비웠지만 로자는 일어나야 할 이유가 없다며 거부했습니다. 그러자 버스 기사는 흑인이 괘씸하다며 경찰을 불렀고 그녀는 체포당해 조사를 받게 되었습니다. 이 일로 그녀는 직장을 잃게 되고 여러 고초를 겪었습니다. 백인 우월주의 단체인 KKK단 등의 위협을 받아 결국 이사까지 가게 되었죠.

1863년 1월 1일 링컨이 노예 해방을 선언한 지 100년 가까이 되었지만 미국 사회에는 여전히 인종을 차별하는 법이 존재했습니다. 버스뿐만 아니라 식당, 학교 등 하얀 세상과 검은 세상으로 나눈 흑백분리법이 가득했죠. 로자의 사건을 계기로 그동안 차별받던 흑인들의 목소리가 하나로 모였습니다. 이때 등장한 인물이

흑인 인권 운동을 이끈 마틴 루터 킹 목사

마틴 루터 킹 목사입니다. 그 역시 흑인으로 어린 시절부터 차별
을 받으며 성장했고 흑인 인권을 위해 활동하는 목사였습니다. 그
는 로자 사건이 일어나자 '버스 안 타기 운동'을 주도하며 차별에
반대하는 운동을 이끌었죠.

그러자 킹 목사 집에 백인 우월주의자들이 찾아와 폭탄을 던지

며 위협했고, 운동에 참여한 흑인들은 체포되기도 했습니다. 그러자 백인과 똑같이 무력으로 맞서 싸우자는 주장이 제기되기도 합니다. 그러자 마틴 루터 킹은 "아닙니다. 폭력은 더 큰 폭력을 불러옵니다. 미움으로는 미움을 몰아낼 수 없습니다. 오직 사랑만이 미움을 몰아낼 수 있습니다"라며 비폭력 운동을 전개했습니다. 1963년 4월 미국 남부 앨라배마주 버밍엄에서 시위를 하던 킹 목사는 체포되었고, 1,000여 명의 시위대들이 거센 물대포에 쓰러져 갔습니다. 이를 목격한 미국 사회에는 점차 변화가 생겼습니다. 백인을 포함한 다른 인종의 사람들도 흑인 인권 운동에 참여하기 시작한 것이죠.

1963년 8월 28일은 미국 노예 해방 100주년 기념일이었습니다. 워싱턴에는 흑인 인권과 평화를 위해 인종과 종교, 직업이 다른 25만 명의 사람들도 모였습니다. 마틴 루터 킹은 이들 앞에 서서 연설을 시작했습니다.

"나에게는 꿈이 있습니다.
조지아주 붉은 언덕에서 옛 노예 후손들과 옛 주인의 후손들이 형제처럼 손을 맞잡고 나란히 앉게 되는 꿈입니다.
나에게는 꿈이 있습니다.
내 아이들이 피부색이 아니라 인격에 따라 평가받는 나라에서 사는 꿈입니다."

마틴 루터 킹은 자신이 꿈꾸는 미래를 위해 인권 운동을 계속 전개했고, 마침내 1964년 민권 법안이 채택되어 공공시설에서 흑백 분리가 금지되었습니다. 1년 뒤에는 흑인들에게도 투표권이 인정되어 정치적 평등이 실현되었죠. 흑인들은 미국에 노예로 팔려온 지 350여 년 만에 시민으로 인정받게 된 것입니다. 하지만 사회적으로 여전히 KKK단 같은 백인 우월주의자들이 존재했습니다. 1968년 4월 4일 킹 목사는 흑인 환경미화원들의 파업을 지지하기 위해 테네스주 멤피스를 방문했다가 인종차별주의자의 총을 맞고 39세의 젊은 나이에 숨을 거두었습니다. 마틴 루터 킹을 기리기 위해 매년 1월 셋째 주 월요일을 기념일로 지정해놓았습니다.

마틴 루터 킹이 죽은 지 40년이 지나고 미국에서는 최초로 흑인 대통령 오바마가 당선되었습니다. 오늘날 미국에서는 인종차별을 매우 큰 범죄로 인식하고 있고, 전 세계적으로도 인종차별은 철폐되어야 하는 죄악으로 여겨지고 있습니다. 이제 킹 목사가 바라던 꿈이 이루어졌을까요? 여전히 부족한 점이 있다면 우리는 어떤 노력을 통해 그의 꿈을 이룰 수 있을까요?

참고 문헌

| 저서 |

《아웅 산 수치의 평화》, 아웅 산 수치, 2007

《탈레반과 아프가니스탄》, 다나카 사카이, 2007

《중앙아시아사》, 피터 B. 골든, 2021

《눈물의 땅, 팔레스타인》, 김재명, 2019

《서양사개론》, 민석홍, 2008

《서양문화사》, 민석홍·나종일. 2006

《한국인을 위한 중국사》, 신성곤·윤혜영, 2004

《아랍인의 눈으로 본 십자군 전쟁》, 아민 말루프, 2002

《한국사신론》, 이기백, 2012

| 인터넷 사이트 |

https://terms.naver.com/entry.naver?docId=578134&cid=46628&categoryId=46628

https://terms.naver.com/entry.naver?docId=1006665&cid=43667&categoryId=43667

https://www.ytn.co.kr/_ln/0104_202008131050512191

https://www.pressian.com/pages/articles/135498?no=135498&ref=nav_search#0DKU

https://terms.naver.com/entry.naver?docId=3574209&cid=59014&categoryId=59014

https://terms.naver.com/entry.naver?docId=3566930&cid=59014&categoryId=59014